世纪波
Century Wave

“独角兽”商业创新书系

作为一名企业家或创新者，你正朝着正确的方向奔跑吗

THE INNOVATOR'S FIELD GUIDE

MARKET-TESTED METHODS AND FRAMEWORKS TO HELP YOU MEET YOUR INNOVATION CHALLENGES

创新路径

▲

经过市场验证的创新方法和工具

[美] 彼得·斯卡金斯基（Peter Skarzynski）
大卫·克劳斯怀特（David Crosswhite） 著
陈劲 译

電子工業出版社
Publishing House of Electronics Industry
北京·BEIJING

Peter Skarzynski and David Crosswhite: The Innovator's Field Guide: Market-Tested Methods and Frameworks to Help You Meet Your Innovation Challenges
ISBN: 978-1118644300

版权贸易合同登记号　图字：01-2014-5780

图书在版编目（CIP）数据

创新路径：经过市场验证的创新方法和工具 /（美）彼得·斯卡金斯基（Peter Skarzynski），（美）大卫·克劳斯怀特（David Crosswhite）著；陈劲译. —北京：电子工业出版社，2019.5

书名原文：The Innovator's Field Guide: Market-Tested Methods and Frameworks to Help You Meet Your Innovation Challenges

ISBN 978-7-121-36148-7

Ⅰ. ①创…　Ⅱ. ①彼…　②大…　③陈…　Ⅲ. ①企业创新—研究　Ⅳ. ①F273.1

中国版本图书馆 CIP 数据核字(2019)第 048869 号

策划编辑：刘　殊
责任编辑：杨洪军
印　　刷：三河市双峰印刷装订有限公司
装　　订：三河市双峰印刷装订有限公司
出版发行：电子工业出版社
　　　　　北京市海淀区万寿路 173 信箱　　邮编 100036
开　　本：720×1000　1/16　印张：15.5　字数：274 千字
版　　次：2019 年 5 月第 1 版
印　　次：2019 年 5 月第 1 次印刷
定　　价：65.00 元

凡所购买电子工业出版社图书有缺损问题，请向购买书店调换。若书店售缺，请与本社发行部联系，联系及邮购电话：（010）88254888，88258888。

质量投诉请发邮件至 zlts@phei.com.cn，盗版侵权举报请发邮件至 dbqq@phei.com.cn。

本书咨询联系方式：（010）88254199，sjb@phei.com.cn。

投稿联系方式：lius@phei.com.cn。

译者序

本书不同于常规的创新书籍,其区别之处在于本书的作者抛开常规的理论套路，从“实用”二字出发，将一个晦涩难懂的理论知识用通俗的语言表述出来。因此,本书适合所有想要创新的企业人员。无论是领导者还是基层工作者,本书都会给你提供实用的指导意见。此外，书中大量使用现实社会中的企业案例，如绘儿乐、壳牌、惠而浦等。更可贵的是，这些案例并不是来源于文献研究，而是来源于作者长期的工作实践，以及与创新型企业面对面的交流。可以说，这部著作倾注了作者大量的心血。

本书由我、蒋石梅、吕平共同翻译，王自媛、闻娜、胡珊、智小山帮助查找资料并对书稿进行了校对，最后由我统稿。

胡珊老师有海外留学经历，在翻译过程中，给予了很多帮助，为译者解答诸多疑惑，在此表示感谢。智小山文笔极佳，在校对过程中为本书的语言水平奠定了较高基础，在此感谢智小山在文字方面给予的指导。

最后，译者衷心感谢本书编辑细致耐心的编辑工作，没有他们的辛劳，本译著不可能出版发行。

由于译者能力有限，书中难免会出现些许疏漏，望广大读者批评指正。

陈　劲

目录

第 8 章 创新型组织 151

第 9 章 领导创新 185

Chapter 1

第1章 背景

如果你有幸正身处一个创新团队或者正在指导一个创新团队，相信你会发现创新是我们工作的重中之重。

在过去的25年里，我们力求帮助一些人设计、执行创新方案，帮助他们从创新中获取价值，却发现这是一件极其艰难的事情，所以我们很了解你现在的处境。作为咨询专家和实践者，我们在遍布全球的众多大型组织、中小型企业、B2B和B2C商业模式下的公司，以及一些营利性和非营利性组织中开展我们的业务。

正因为我们已经见证了创新是如何维持组织的活力和弹性的，所以我们热衷于创新。无论是应对巨大的全球化市场，还是适应飞速发展的技术，抑或是迎合越来越强大的客户群，我们都希望你的组织能一直保持活力和弹性。

关于这本书

市面上充斥着各类关于创新理念的书籍。绝大多数的书籍重点阐述了创新最重要的理论知识，或者侧重于讲解创新的某个具体方面，如快速循环试验（rapid-cycle experimentation）、设计型思维（design thinking），或者商业模式（business model）创新。与此同时，越来越多的组织将创新视为规则和流程去训练、学习和实践，他们竞相效仿惠而浦（Whirlpool Corporation）、通用电气（General Electric，GE）、宝洁（Proctor & Gamble）等创新型企业。

在我们同遍布全球的创新领导者和实践者深入交流和互动时，我们不断地听到他们说："现在还没有一套全面的、实用的、关于如何创新的指南，来详细描述经市场测试过的技巧、工具和体系，帮助我们在组织中锁定最紧迫的创新挑战。"无论你是在寻求一个具体的解决方案，如降低一个前景广阔但全新的产业经营理念的风险，还是致力于在企业范围内进行创新，这本书都将以"端到端"的方式锁定挑战并帮助你采取行动。

我们撰写这本书，旨在服务那些希望他们的组织、团队或个人的创新工作能够得到巨大提升的各类创新组织领导者和实践者。每个人都将面临不同的挑战，而我们的目标是通过提供实用的技巧、指南和实例来帮助你驾驭你所面临的独特困境。无论你是一个初学者还是一位大师，我们都希望这本书在实现你的创新目标过程中起到不可或缺的作用。

在你的组织中拥有一套统一的工具是非常有价值的。通用的方法、技巧和体系可以确保组织活动的一致性，也可以作为企业范围内进行创新的基石。但必须注意，创新本身并不是一种工具，单纯地套用给定的方法并不能成功。相反，我们视这些工具为脚手架，利用它为我们提供的构架进行恰当的组织学习，并解决具体的问题或挑战。

我们从商业管理者和战略家的角度研究创新这个课题。在接近 20 年的时间里，我们和全球近千家公司共同制订和实施他们的战略成长计划。在这本书中，你会看到，我们并没有聚焦于特定的技术或产品，而是将商业模型和其中的基本元素作为重点分析对象，同时我们也着重强调基于事实的分析和突破框架式的视角。

在书中我们不断强调在组织中为创新活动营造时间和空间的重要性，这句话并不是说要“花百分之多少的时间在你想要的东西上”，而是探讨如何在组织范围内推广创新。但是大多数组织声称组织创新毫无必要，他们理所当然地认为所有的工程师花一定比例的时间去开发新产品就是创新。

对此，我们建议你腾出时间和空间寻找规律性的创新方法，这样就可以在推进组织创新时采取结构化的行动。例如，你可以将创新流程以文字的形式记录下来；你可以花一定的时间对某个新概念进行扩展、详述和迭代；领导层要担起协同创新者、发起人和支持者的责任；此外，你和团队还要和领导层一起有组织地朝着创新目标稳步前进。营造空间去推进创新，代表的不仅是腾出时间思考更好的创意并测试创意的可行性，更是帮助组织借助于创新活动、方法和组织元素，以规律性的方法推进创新。

这本书中的每一章都着眼于在不同行业和地域的组织中不断出现、较为困难且重要的创新挑战。在每一章，我们：

- 设定挑战的发生背景，同时分享了设计组织活动的核心原理。该原理代表了各行业、地域和组织中的引领性做法，帮助你专注于期望结果，让你清晰、有目的地选择合适方案。
- 分享技巧和框架，帮助你解决具体的挑战。对于大部分技巧，我们都详细描写了应用该技巧并在市场上获得成功的案例，以此来帮助你理解和学习。

这本书的核心内容是：运用现实世界中的实例，分享可付诸实践的创新工具和方法；提醒你避免一些常见的错误和陷阱，并且针对不该做的事情提出具体的建议。

创新挑战

通过洞察力驱动创新，提高创新智商（第 2 章）

作为本书的开始，我们分享一些技巧和框架，帮助你发展关于市场、组织和利益相关者的新视野和新思路。建立破框洞察力（frame-breaking insights）是整个创新流程前半部分成功的基石，本章详细阐述了建立破框洞察力的具体行动。

破框理念对于创新非常重要。有才华的企业家可以轻而易举地打破框架，而我们则需要一点帮助。我们需要从全新的视角和洞察力出发进行与众不同的思考和观察。多数组织努力地培养丰富的、引人注目的洞察力，这对于成功创新非常关键。没有新的视角，只会让你事倍功半，甚至完全停止不前。本章将会帮助你个人、团队和组织发展不同类型的洞察力来提升创新智商。

实施突破式创新（第 3 章）

本章我们继续分享引领性的实践，适用于推动突破式创新（breakthrough innovation）的前半部分创新流程。我们首先介绍一些开发新创意的惯用技巧，还会提供一些方法帮助你将创新工作聚焦于最重要的战略挑战，以及如何加强组织内部当前和未来创新工作的一致性。本章所讲的内容有助于你摆脱经营中的“一次性”创新。你将学习绘儿乐（Crayola）、荷兰皇家壳牌（Royal Dutch Shell）、联合健康集团（UnitedHealth Group）和其他一些公司，如何识别新的空白领域的机遇并采取行动，如何以不断变化的创新结构来持续且有力地指导工作的实用做法。

从初期创意到商业理念（第 4 章）

本章重点关注如何将一个初期创意转化为商业理念，帮助你将构思转化为更加完整的商业概念，并且制定启动策略，不然你的创意永远只能停留在便利贴上。我们还分享一套广泛的流程，介绍该转化过程中的关键技巧。同时，告诫读者：每个组织都需要制定适合自己的流程。

有时候因为各种因素的影响，机会不能得到充分的发展。因此，本章介绍了一些详细的方法帮助你延伸、详述、迭代、构思，并且构建机会，使曾经发展受限的机会得到发展。与此同时，也会提供一些指导方针，告诉你在什么情况下，应该舍弃现有的构思。

无论创意出自何处，这些方法都会帮助你在组织中实施创新。本章将会向你介绍如何实现创新流程“商业化”，通常大多数的创新工作都会忽视这一点，或者按自己的想法进行商业化。总之，第 2 ~ 4 章可以作为突破式创新中前端创新流程的蓝图，指导你成功地跳跃到 S 曲线（S-curve）的下一阶段，并且推动组织的发展。

推动快速创新（第 5 章）

有时你没有充足的时间形成第2章中丰富的洞察力或实施第3章中的突破式创新，这时你只需要进行快速创新。本章将分享一些案例，告诉你怎样做才能用 12 ~ 24 个月的时间让新产品面世，提高短期创新投资组合的效率。通过案例，学习如何将之前提到的技巧相结合（将创意融入年度计划或研讨会中），以达到“快速创新”的目的。本章主要涉及协同理念管理（collaborative idea management）、开放式创新（open innovation）、创新加速器（innovation accelerators）、如何与供应商和客户进行协同创新等内容。

试验与去风险化（第 6 章）

我们在第 3 章中讨论的突破式创新对于组织甚至行业来说常常是全新的理念。对于毫无经验的全新理念或商业模式，团队或管理者很可能会感觉到极高的不确定性（uncertain）和风险（risk）。本章分享了一些市场检验技巧，帮助你分离不确定性与风险，并减少前景与不确定性并存的机会的风险，以合理的方式继续推进创新活动。

在市场内创新（第 7 章）

在本章，我们对试验法进行了拓展，描述了如何充分挖掘已经面市的产品所蕴含的机会，并对其进行重塑，以获得更大的成功。对于市场中未达到目标的机会，我们给出了一些技巧，帮助你反复测试、学习及改善组织工作，朝着正确的方向发展新的产品或服务，使优势最优化。对于那些按照计划进展的机会，你会学到如何注入更多的创新元素，你可以把这些看作“在飞行中创新”。

创新型组织（第 8 章）

我们在本书的开篇已指出，目前，创新在全球各个组织中都是一个非常重要的课题。尽管创新的受关注度日益升高，但是我们发现很多组织仍然不清楚如何构造创新型组织。本章将介绍如何在现有的目标和文化背景下构造创新型组织。我们谈到了几个具体的方法，利用这些方法你可以加强自身创新能力，改善流程，让创新更多地来自“系统”，而不是其他。我们希望本章能够帮助你将创新融入组织的纪律、流程和能力之中。

领导创新（第 9 章）

本书大部分内容涉及作为一名设计者和实践者领导创新的工作，并且假设你有一定的权力可以推动系统化的创新。在本章，我们主要介绍了创新活动中领导者的角色。我们希望领导层对创新足够重视，在创新过程中提供相应的方法，帮助实现发展目标，并在必要的时候促进企业文化发生改变。无论是从商业化的角度还是从组织中流程和系统的角度，我们还介绍了若想实现创新，领导者应扮演什么样的角色。我们还会提及，当实践者没有足够的权力或缺乏领导支持时，如何在组织内部引导创新活动。当你没有足够的权力或缺少成功所需的支持时，这部分内容会非常重要。

启动（第 10 章）

本章帮助你以最有把握的方式构造和启动创新活动。我们提供了几个流程设计的范例作为参考，帮助你处理本书所描述的挑战。同时，分享了一些技能和思维方式的组合，也许你会在做创新工作时用到这些组合。

结语和展望未来（第 11 章）

在结语处，我们分享了一些有利于你的创新活动和系统的一般性思路和建议，并且，对一些大型组织中创新的学科前沿提供了一些建议。

创新准则

在过去的几年，我们见证了哪些工作有用，而哪些工作没用。在纵观这些成功和失败之后，我们梳理出一套成功创新的准则，适用于不同行业、限制条件和背景。不管哪种情况下，这套整理出来的创新准则都是适用的，组织可以运用这套准则进行创新，并且在不久的将来将创新活动系统化。

你会发现，这套准则倾向于推动战略性创新。在这种情况下，我们建议你通过战略之门进入创新之屋。将创新活动聚焦于核心的增长问题和需求；推进全盘的、经营观念层次的思考和迭代；统一创新评判标准和推动创新关键因素的判定；对于创新目标的优先发展领域和领域中的理念，建立多层次的观点；进行战略性的讨论与决策，确保与领导层的理解和承诺一致。这其中的每项做法都遵循战略创新的指导原则，同时也是你取得成功的核心所在。

当然，将原则转化为实际行动的过程中，具体的设计和方法会有很大的不同，但始终以原则为重要核心。因此，我们在此明确该要点并将其贯穿本书，以便你可以时刻在大脑中想到它们。你应该以“我为什么在做我现在正在做的事”的方式思考这些准则。

- 通过阐明你试图想要达到的成就，**明确界定组织中的创新**。你是否正在寻求有变革能力的、突破式创新？你的目标是否是增加盈利和持续创新？你是否有决心以渐进抑或激进的方式去改变思维定式或文化？无论你的目标是什么，你需要对其进行明确的界定，这样它才能像指南针一样指导你和同事们的工作，并且确保你们聚焦于追寻的最终结果。我们在全书都涉及了这个话题，特别是在第 8 章。
- **将组织活动瞄准经营理念**，由此你不仅仅关注产品“是什么”， 更会关注“是谁及怎样做”。单一地关注“是什么”会将你限制在一个错误的思考方式中，即考虑生产“什么样”的新产品或新服务，或“什么样”的新技术可以使产品或服务商业化。当然，这的确是正确的关注点。但是你可以通过关注“是谁和怎样做”进一步挖掘创新的潜能。

“是谁”，是指谁是你的目标客户，以及你提供给他的价值主张是什么？“怎样做”，是指你如何进入市场、价值主张的分销渠道，你如何创造和捕获价值，以及你如何建立和维持优势。第4章明确地解释了商业理念技巧和框架的应用。

- **要明白，创新等于新的学习**，这是很重要的一点。试想：假设你没有新的学习，那么你几乎没有机会发现真正的创新。本书描写了很多可以获得新学习的方法。我们强烈建议你为获得新学习创造空间，并将知识进行整合，以求最大限度发挥它所具备的潜力。给自己足够的空间以便能够在学习、思考、构思的过程中进行发散，同时还要再次确认你创造了足够的空间去综合，直到组织有了最优的信息和行动。几乎在所有的章节，你都会看到一些技巧、方法和案例，阐明如何实践“为获得和推进新学习创造空间”这条原则。
- **通过洞察力驱动创新形成完整构思。**不要以新的想法为起点，而要以新的洞察力为起点，这会有助于你培养全新的、与众不同的思维方式应对特定的创新挑战，新的思维方式会引导你发现一系列与众不同的问题。新的想法应该来源于新的、有价值的、框架之外的洞察力——无论你以怎样的方式获得洞察力。所有成功的实践都表明，这种方式产生的理念更容易在市场中形成突破性进展并取得成功。如果洞察力不是全新的，那它更像一个旧想法的重生——这也是创新工作有着坏名声的原因之一。正如彼得·德鲁克（Peter Drucker）、哈默等人所说，新问题引出新答案。在试着创造新想法之前，在新思维方式上多下功夫。这条原则适用于本书中描写的所有技巧，尤其在第2章有直接的叙述。

- **专注战略性创新，避免一次性工作。**组织常用大量的创新流程和工作，希望得到优良的洞察力和想法。但是我们建议：在对你今后所追求的市场空间有清晰、具备吸引力、有长远视野的情况下，通过战略性创新开发产品和服务理念。长远的视野可以保证你用一系列相关的产品或服务理念填补渠道，在将来陆续推向市场，而不必每当你想更新渠道时不得不重新开始创新工作。在第 3 章中，我们为避免一次性创新提供了一些技巧。
- **创新工作不仅是生成新想法，而是通向成功商业模式的全部流程。**我们喜欢将创新工作定义为最终保证一个新的想法成功地商业化。以全流程的方式思考创新，创新就不再仅是生成新想法。创新全流程包含了从建立新洞察力，到生成新想法，到开始筹备商业策划和战略计划，再到实施市场调研及不断改善上市产品等。这种全流程的定义方式，不会片面地将创新认定为“生成新想法”或者“整个流程的前端部分”，因此可以保证达到最好的创新效果。本书各个章节描述了从洞察力，到商业化甚至上市后的持续创新议程等各个创新阶段。
- **在实践中学习，强化创新能力。**在所有级别的组织当中，学习创新技巧最好的方法是在实际问题或挑战中运用技巧。不可否认，课堂上的训练和实践课程都有其意义，但是它们任何一个都无法很好地单独培养和锻炼技能，从一开始你就应该遵循这条原则。坐在教室里谈论如何骑自行车而不实践，你永远都学不会骑自行车。同样的道理，在适合高效制造大量产品的组织中，很难学会创新。在本书中，我们将指导你如何在实践中学习。
- **注意方案的条理性与系统性。**很多领导者和实践者都认为，创新性的方案和有计划、规范化的方案，二者只能选其一，而实际上两者并不矛盾。规范化的流程完全可以推动创新，并且具备一定的灵活性，根据新的情况随机应变。

学习创新的关键点在于能够灵活地运用学到的技巧和方法——如乐高积木一样，你要针对你的具体目标和约束条件，以最优的方式将其拼接到一起。因此，你需要学习建立设计思维，这样就能够以创新的原则作为指导，依照不同的情况来组装乐高积木。

同样，为了保证创新活动，使组织的创新来源于系统而不是其他，你可以适当地调整组织以适应创新流程、技巧和评估标准。如果你希望拥有持续创新的能力，就需要不断地从内部系统及全面的视角审视组织活动。条理性（systematic）与系统性（systemic）是两个不同的概念，两者你都需要。我们在书中提供了很多进行系统性创新的技巧，在第 8 章会特别提到系统设计组织的方法。

- **采取开放式创新（OI）**。时刻记住亨利·伽斯柏（Henry Chesbrough）的名言："要想外部创新必须先从内部创新。"我们在本书中提供了很多技巧，帮助你和同事们探索新的视野和机会空间，构建创新活动，从而使组织从内部变得更加开放。还要将"创新等于新的学习"这条原则延伸到组织之外，学会利用外部情报源获得信息、开发创意、学习技术和进行商业化。切萨布鲁夫等人已经充分研究了开放式创新，因此在本书中并未对其展开深入的探讨，但第 5 章会详细介绍开放式创新的一些运用技巧。

在你阅读这本书时

在这本书中，我们谈到了"如何"实践本书所阐述的创新原则，当然还有一些其他的内容。在我们开始学习之前，请看以下几点说明：

- 本书中的方法和技巧被很多企业证明行之有效，我们特意从不同公司、行业和地区中筛选出部分范例对文中的要点进行说明，有壳牌、惠而浦、亿滋（Mondelēz）、绘儿乐、联合健康集团，以及美军特种作战司令部（U.S.Special Operation Command）等。有的组织只作为某项技巧的范例出现，而有些组织由于其创新的系统性和全面性在书中被反复提及。

- 我们在全书运用了 B2B 和 B2C 两种公司类型的范例。尽管两种类型企业有其各自的探究洞察力、开发创意的方法，商业化的过程也不尽相同，但好的创新技巧是通用的。此外，在两类范例中，我们都涉及了两种对象：消费者（consumers）和客户（customers）。谈到消费者，我们通常指的是某一产品或服务的终端客户；谈到客户，我们通常指的是在价值传递系统中下一级购买者，包括（但不仅限于）零售商。在书中我们会对两者进行区分。
- 我们在每一章的结尾都总结了一些关键要点，如果你认为先阅读每一章的简短小结对你有所帮助，请直接跳到章的结尾处。
- 本书的很多资料来源于我们在创新领域内跟踪研究了数年的公司。

创新之路虽然艰难，却是一项非常有意义的挑战，也将使你在职业生涯中获得巨大的荣耀。抓住机会，自由驰骋吧！祝你在创新活动中获得成功！

Chapter 2

第2章

通过洞察力驱动创新，提高创新智商

如何把握市场中的变化?

如何依靠已有的技能，进入新市场并且逐步成长?

如何让客户愉悦地购买生活中必需的产品和服务?

在什么情况下拒绝新的机会？原因是什么?

不同凡响（Think different[①]）是苹果公司（Apple）进行的一场标志性营销活动，也是一次极大的创新。这场营销既赞美其客户——你是与众不同的，又赞美自己的建设团队——我们不同于（甚至优于）其他公司。

“不同凡响”对于创新来说至关重要，在所有通过“与众不同地思考”而成功的企业家中，苹果的联合创始人史蒂夫·乔布斯（Steve Jobs）可能是其中最引人注目的例子。但是，大多数公司并没有像史蒂夫·乔布斯这样极富创新才能的人，那该怎么办呢？

其实，我们每个人都可以学习用企业家的方式去思考问题，虽然我们大部分人不会获得像史蒂夫·乔布斯那样辉煌的成就，但是我们可以运用这种思维方式提高自己的创新智商。就像英国历史学家保罗·约翰逊（Paul Johnson）所说：“我们每个人都有创造力，唯一的问题就是如何将其激发出来。”

如果一个人总是在问同样的问题，那他就无法突破现状。因此，如果想要追求创新，特别是突破式创新（breakthrough innovation），你必须与众不同地思考。你需要通过新的洞察力来打破框架，对客户、市场、公司建立新的视角；而新的视角又为你开发新思路奠定了基础，并且让你形成完整的构思。

什么是“好的洞察力”

WPP集团的杰瑞米·布尔莫（Jeremy Bullmore）有一句很著名的话：“为什么一个好的洞察力就像冰箱呢？因为当你打开它的一瞬间，一盏灯就会亮起。”布尔莫说：“高效能的洞察力具有即时性，它们的唤起及传播如互联网中最强的病毒式广告一般；它们具有传染性，我们只需听到一次，就会记住它们，应用它们，并将其传递给其他人。相比之下，低效能的洞察力只会阴沉地待在幻灯片中，不会给人们任何启发，更不用说采取行动。”

① 此为苹果公司的广告口号，短语故意在文法上使用错误文案（正确语法为think differently）。——译者注

你最好能够用一个简明的句子对好的洞察力进行清晰的描述，其中应该包含下面一些特征：

- 揭露深层次的或未曾揭露的行为；
- 暗示潜在的干扰项——不稳定的变换；
- 指明客户的妥协，也就是他们不愿意但不得不做的选择；
- 挑战市场或行业中现有的惯例；
- 让一些人感到不舒服的同时让另一些人感到振奋；
- 通过与众不同地思考，创造惊喜的时刻。

突破思维定式，自由构思

接下来的一部分将描述 5 种具体的洞察力类型，运用其中的任何一种类型建立新的思维方式，都会帮助你产生新的、有趣的想法。

你会发现，从多重洞察力的交叉点看问题，更容易产生引人注目的想法。正如加里·哈默所说："多种类型洞察力结合的力量，会明显地帮助你提升自身能力，更好地发展真正的突破式理念，识别并抓住空白机会。"

有人会问为什么是这 5 种类型呢？不妨仔细想一下，是什么成就了像苹果公司联合创始人那样伟大的企业家。原因之一是伟大的企业家敢于承担风险，除此之外，还有哪些原因呢？他们是如何思考的？他们是如何着手处理交易的？如何应对市场的变换？

伟大的企业家能轻而易举地理解客户的痛点。他们关注客户的隐性需求，因此可以设计出市场中尚未存在的产品和服务，并且解决客户没有直接提出、不能清楚描述的难题。例如，苹果的平板电脑（iPad）、照片墙（Instagram）、拼趣（Pinterest）、推特（Twitter）、脸谱（Facebook）和领英（LinkedIn）这样的社交媒体；布鲁斯·约翰逊（Bruce Johnson）的呼吸辅助贴；萨拉·布雷克里（Sara Blakely）的时尚帝国中的塑身裤系列产品。

伟大的企业家能关注到更多的市场“边缘”。他们能敏锐地察觉到市场的干扰项和不稳定变化，以及其产生的早期信号。

他们不受现有产品和服务的约束，不会用目前正在制造和出售的产品判定经营状况。利用其职业能力素质预测产品是否有增长的可能性，才是他们成功的诀窍。

伟大的企业家都是别出心裁者。他们不接受特定行业或市场的主流逻辑，他们凭直觉、靠天性、用本能来接受挑战，推翻有关成功的核心假设，创造出新的商业模式，用一种与众不同的方式影响客户。在挑战商业模型和行业的核心假设的过程中，他们发现了新的机会。例如，维珍航空（virgin air）、易捷航空（EasyJet）、高尔空中运输（GOL Air Transport）、网飞公司（Netflix）、热布卡公司（Zipcar）、塔塔汽车（Tata Motors）和宜家（IKEA）的成功。

5种洞察力类型

现在我们将逐个分析5种洞察力的类型。

- 类型1：客户洞察力
- 类型2：市场的不稳定
- 类型3：竞争力和战略资产
- 类型4：行业传统观念
- 类型5：发现和筹划空白区

在讨论每一种洞察力类型时，首先，会给出定义并设定背景；其次，会描述如何快速培养洞察力，以及如何在特定的创新挑战背景下运用这种能力；最后，就洞察力在组织中的实际应用给出一些建议。

洞察力类型 1：客户洞察力

几位成功的企业家和创新者曾这样描述传统市场调研：“就好像开车时看着后视镜。”我们很赞同这种说法。

说得更明确些，我们认为，虽然传统的调研方法在很多情况下非常有帮助，特别是在创新的后续阶段，但是传统的方法，如焦点小组、定量分析、概念测试等，在创新的早期阶段起到的作用非常小，甚至有可能误导创新者。

我们在研究中发现，那些曾经在市场中推出颠覆性新产品和服务的组织，有一部分运用的是其他的调研方法。他们新颖的思考方式，使他们能够通过寻找上下价值链中存在的“问题”，识别出他们的客户或客户的客户的潜在需求。

在 2002 年之前，将饮料或酒 12 个为一组的整个包装（twelve-pack）放入冰箱中储存是非常困难的，于是有公司引入“冰箱包装”（fridge-pack）代替 12 个为一组的包装销售啤酒或苏打水。可口可乐公司（Coca-Cola）的包装称为行业内最具创造性的包装之一。但是冰箱包装的创意并不是来自全球饮料界的巨头——可口可乐公司，而是一家包装材料的供应商——美铝公司（Alcoa）。

为了出售更多的铝罐，美铝公司开始思考，是什么阻碍消费者购买更多的可乐。通过我们描述过的一些客户洞察力，美铝公司的创新者发现，实际上是包装阻碍了铝罐的使用。他们观察到，人们更喜欢将几罐可乐放入冰箱（你也会这么做），然后将剩下的储存到橱柜中。当喝完冰箱中所有的可乐，他们通常选择冰箱中的其他饮料而不是从橱柜中重新取一罐可乐。

需要注意的是，美铝公司并没有询问消费者想要什么样的包装，也没有询问可口可乐的消费者饮用饮料的时间和方式。美铝公司没有聚焦于固定的需求，而是着重观察消费者的行为，对多样个体消费者和户主进行连续的观测，并得到一套行为模式，由此推断出未满足的需求。受洞察力的激发，美铝公司与一个包装公司合作研制出了适合在冰箱内放置的包装。通过与可口可乐公司反复的试验，美铝公司最终依靠创新的力量获得了两位数的销量增长。

我们不是别出心裁的人，即便理查德·布兰森（Richard Branson）爵士也无法像史蒂夫·乔布斯一样凭直觉创新。如果我们能够学习并掌握美铝公司应用的这种具体的技巧，虽然达不到前两位的高度，但至少可以成为一个更好的创新者。

启动：鉴别出客户未满足的需求

发掘隐性需求有两个步骤：第一步，用直接观察法和相关技巧收集客户行为的信息；其次，分析信息、提取并推断出可能的隐性需求。第二步，要求关注的焦点从确定明显的动作“客户正在做什么”转移到揭露“客户为什么要这么做”，找出其潜在的、最根本的动机。专家级别的创新者在这两步之间可以快速地游走，以至于看起来好像只进行了一个步骤，但其实这是两个步骤。

获得数据

“通过观察，你可以发现很多。”这是美国棒球传奇人物尤吉·贝拉（Yogi Berra）的一句话，成功的创新者和设计思维的倡导者也赞同这一说法。高效地观测研究技术使得设计思维和以人为本的设计原则合而为一，以此帮助你“深入客户的内心”。这种方法帮助你理解客户的背景、愿望及忧虑，这样你才能鉴别出他们的隐性需求。他们在决策和行动时的冲突、妥协，正给你提供了设计解决方案的机会，这个方案他们自己可能都意识不到。

让我们来看个例子。绘儿乐是一家私有的消费品公司，拥有多系列产品的标志性品牌。从孩提时代开始，你可能知道它是一家“蜡笔”公司，而今天已经远不止这样。通过数年坚定地聚焦于创新，绘儿乐已经重新构建其公司业务，重新定义了竞争的范畴，并获得了显著的增长。

其领导层在 2004 年开始了他们的创新活动，他们希望在蜡笔之外，能通过积极、有趣的学习体验带给儿童价值。这些工作的基础就是更深入地理解儿童及其看护人、父母和教师多样的行为方式。绘儿乐通过“原地不动”的方式观察研究这些行为——儿童在学校和在家里，老师在教室里，父母（特别是母亲）和看护人与儿童全天各种各样的互动。

绘儿乐热衷于在很多有创造性的游乐场景中直接观察客户，特别关注使这些场景发生的更广阔的大背景。在观察之后他们进行了访谈调研，这样的方式有助于对特殊或非期望行为的探究。

当你不能直接观察时

直接观察法并不适用于所有的情况，这时可以用其他的技巧来获得数据，这些数据可以像实际观察到的数据一样用来评估。

- 一种非常有效的方式是练习将自己置身于客户的角度，目的是真切地体会客户在购买或使用时的经历和感受。这些练习可以安排在客户体验的任何环节，包括购买和使用。最重要的就是将这些体验记录下来，像直接观察法一样进行进一步的评估。
- 另一种可代替直接观察的方式是构造真实的客户体验情景。例如，利用来自客户、客户服务代表、销售经理、渠道合作伙伴及其他人的趣闻和故事，很容易构建一个综合的场景。将趣闻和故事融入观察情景中，使其能够在分析和形成洞察力阶段被“回放”。要确保将每个情景看作独立的观察结果进行分析，而不是对所有体验的平均结果进行分析。

分析数据

通过上述技巧，你会收集到大量丰富的数据以供分析。现在可以将注意力转移到推断客户潜在需求上来。我们发现了以下几种特别有效的技巧：

- 识别并解决冲突
- 客户体验图
- 待完成的工作

上面每个技巧都可以有效地帮助我们跨越明显的表层需求，对未满足和潜在的客户（及非客户）需求有更深入的理解。

识别并解决冲突

通过观察会让你发现可以被有效地解决的隐性冲突和妥协。当一个客户需要在两件中意的产品间做出抉择时，会产生冲突，两个目标不同的客户或利益相关者之间也会产生冲突。这些地方都存在大量可供深入挖掘的潜在需求。

通过对儿童和母亲日常活动的观察，绘儿乐发现了许多有待解决的冲突。

母亲希望她们的孩子能够得到有趣、迷人、充满艺术性的体验——尽可能不限时间和地点。同时，她们也希望孩子在自由玩耍时不会搞得一团糟及受到伤害。这样的结果是，母亲要非常不情愿地干涉小孩着色、绘画等活动的时间、地点和方式。

孩子希望在没有干扰和规定的情况下玩耍，同时可以让事情“在掌控之中且由自己做主”。

通过理解母亲和孩子追求的不同东西之间的冲突，绘儿乐如愿以偿地取得了“胜利”的时刻。

> 母亲想让孩子拥有一个不会脏乱、能够沉浸其中且有益的艺术体验，这样她的孩子就可以自己做主，也没有时间和地点的限制。

这个洞察力之前并不被人看好。在对他们所观察的结果进行深入分析之后，绘儿乐对母亲和孩子的绘画活动有了新的理解——具有沉浸感，无限制，不脏乱。

只要你从观察法或其他技巧中收集到了洞察力的基础材料，就可以利用图 2-1 的框架揭露并解决冲突和妥协。

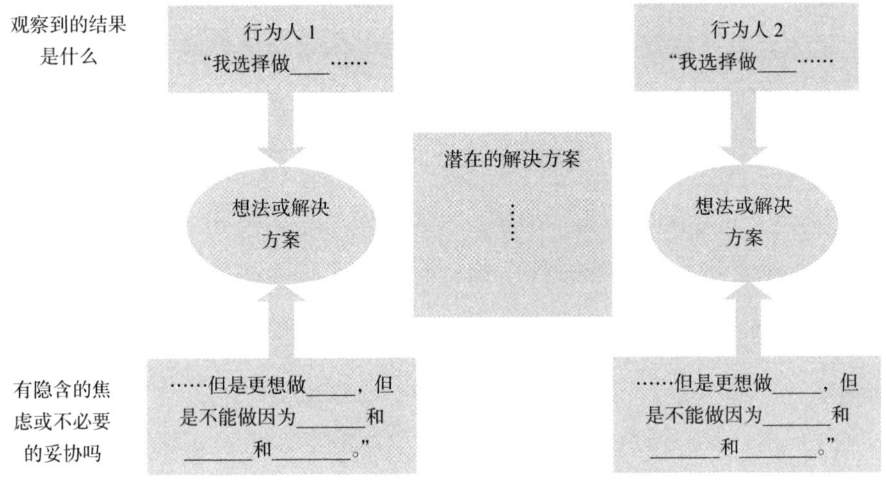

图 2-1 探索客户冲突

绘儿乐通过一系列新产品提供给孩子“有趣且吸引人的活动”，这些新产品对场地“无限制”，几乎不会引起脏乱。公司用新的名字推销他们的新系列产品，并在包装上特别标注了“可抹去”“不脏乱”“可清洗”等字样。

工业气体公司普莱克斯（Praxair）是另一个发现并解决冲突的范例。公司的 Grab’n Go 一体化便携医用氧气系统便来自观察法研究和面对面的采访，在调研中，普莱克斯和其供应商找出了医学系统中两个重要行为方的需求和痛点。

- **购买和采购过程就是不断寻找“最低成本的供应商”。**结果，他们会（在很多其他的东西之中）购买几种不同的医学氧气罐和相关设备，在使用时需要控制和组装各自独立的（分开的）调节器和阀门。

- 加入护理行业的初衷是为了帮助病人恢复健康，然而护士和其他看护人在照顾病人时遇到的任何阻碍都会让他们产生挫败感。从大量的组件中组装医学氧气传输系统，增加了护理服务的工作难度。

运用图 2-1 的框架，我们可以看到两个主要行为方之间的冲突：普莱克斯和医学气体行业的商家让购买过程及医学氧气的使用过程过于复杂。普莱克斯提出的解决方案是一件式、轻便、随时可以使用的氧气罐 Grab'n Go，该氧气罐拥有一个综合的调节器和阀门，这样照料者可以迅速地将其拿到病人的房间，并且连接和使用。这种新型的医学氧气输送系统赢得了产品设计奖和赞誉。

你可以感受到为什么当时的市场总监将新产品描述为“人性化，消除了过去 50 年中时间损耗的麻烦和传统后置阀门系统造成的医务人员凭猜测进行工作的现象”。

抛开案例，我们可以看到，通过对客户（采购经理）和非客户（护士、照料者）的结构化观察，可以发掘出未满足的需求。你会发现，运用一定技巧深入了解消费者，采取有针对性的行为和思维方式，如移情、坚持、探究，会有效帮助你得到大量且实用的洞察力。

客户体验图

它有不同的名称，如“客户体验图”“客户图”“客户体验生态系统”，偶尔也叫“价值链图”，这个方法可以帮助你形象化地理解客户（或客户的客户）的全程体验。通过应用客户体验图，有效发现客户尚未解决的痛点、妥协，以及希望被重视的需求或积极的假设。

每个组织具体的客户体验图可能不尽相同，但是其大概的组成部分如图 2-2 所示。

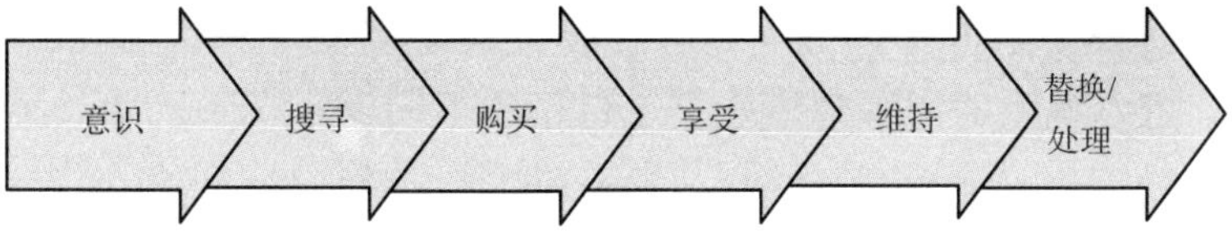

图 2-2　客户体验图

各组成部分的含义如下：

意识：哪些刺激驱使客户/消费者产生购买欲望。

搜寻：需经历哪些步骤或借助哪些行动才能做出购买决定。

购买：消费者/客户购买产品及享受服务的全程体验。

享受：客户/消费者在购买产品之后，如何使用产品并享受其服务。

维持：在维持、修复产品或服务时与客户/消费者有怎样的互动。

替换/处理：如果有的话，哪些原因会促使客户/消费者处理、更换或升级产品。

具体情况要具体分析，在某些情况下，将以上框架中的某些步骤合并，效果更好。

使用此框架的第一步是鉴别你想要分析哪些潜在客户或非客户的类型。你可以将某一类客户当作特定的“人物角色”进行思考。例如，假设雀巢要考虑职业女性想从休闲点心中获得什么，人物角色应该包含下列内容：

- 单身，受过良好教育的女性，居住在城市中，职业女性；
- 有两个孩子的已婚女性，尽量兼顾职业和家庭生活；
- 刚刚大学毕业。

我们常常发现，团队将客户体验分析局限于现有客户购买现有产品时的客户体验。通常这种做法有一定的帮助，并且可以使其中一个流程或全程的体验更有效率，但是在挖掘实质性新视角方面提供的价值增量非常有限。因此，为了进一步发展，可以试着将非客户加入客户体验图中。

在识别了客户和非客户的角色之后，可以将相关的观察结果与体验的各阶段相对应。需要观测的样本数量取决于目标的不同，但是通常 10 个或 15 个就可以保证高质量的定性结论。有些组织更倾向于大量的观察数据，但我们的经验是，大量的观察数据一般不会使结果产生很大的改变。

以下是具体的步骤：

首先，筛选出一个人物角色，例如，让我们从三个假设的雀巢清单中筛选出一个。

朱丽叶，一个刚刚毕业的大学生和职业工作者。

然后，思考你要观察什么体验。设定的人物角色为我们提供了一些线索，比如 20 岁左右，受过良好的教育，很可能在城市或城郊地区工作。如表 2-1 所示，你可以通过谁、什么事、什么地方来规划你的观察内容：谁是主人公，我可能在哪里发现她，我希望在什么活动中观察她。对于这个人物角色——朱丽叶，一个刚毕业的大学生和职业工作者，你的计划很可能是这样的：

表 2-1 观察内容

观察谁	单独和朋友在一起的 20 岁左右的女性
在哪里观察	在工作环境、城郊办公停车场和城市广场中；在这些场所附近的咖啡厅、餐厅和酒吧中；在地铁、公交车上，独自开车或者和朋友一起
观察什么	她选择什么作为“休闲”食品，是一份点心，一小份食物，还是一份饮料？她是自己一个人吗？她如何与其他人互动？你可以感觉到她对点心是什么样的感觉和反应吗

为了得到更多的关于朱丽叶“休闲点心”的信息，你需要将她的行为与她作为消费者体验的不同阶段进行对应。此时，你可能需要参考来自独立观察所得的数据，或者需要更为大量的观察，以此来收集朱丽叶的体验中所有阶段的数据。从大量的观察中聚合信息，才能完成体验的整个图表。

下面是一份指南，告诉你在每一阶段需要寻找什么：

（1）客户的目标是什么？客户希望产品或服务为她完成什么“工作”？

（2）从正面看：什么使她满意或喜悦？

（3）从负面看：什么使她烦恼或痛苦？基于你的观察和所了解的信息，你推断她做了哪些妥协？

（4）如果有可能，去理解在每一阶段和整个阶段创造了哪些潜在的价值。

下一步就是运用数据建立关于人物角色的洞察力结果，仔细想想任何意料之外或不同寻常的行为，这很可能是未满足需求的线索。聚焦于行为的潜在“原因”，在简洁的框架中建立“候选洞察力结果”。用一两句话总结你的见解。

以人物角色的口吻描写原因：

- 我喜欢________________因为________________。
- 我很烦恼因为________________。
- 我很想________________，但是不可以这样做，因为______________；因此，我妥协了，用________________来代替。

利用这些数据，你现在对朱丽叶有了深入的了解，基于整个体验的观察，详细阐述她的人物角色（见图 2-3）。

现在，在我们假定的雀巢的背景下，你有了一扇窗户直通朱丽叶的世界。

待完成的工作

“待完成的工作”是帮助你摆脱已存在产品或服务的一个非常有用的框架和技巧。最早的概念是由哈佛大学的克雷·克里斯坦森（Clay Christensen）提出的，他认为一个既定的产品或服务是被“雇用”来为客户完成特定的工作。例如，一个定点上下班的人“雇用”星巴克（Starbucks）利用免下车的服务窗口或在商店中为她提供便捷、可口的第一杯咖啡。在这个例子当中，消费者追求的是“快速且味道纯正的咖啡因”。

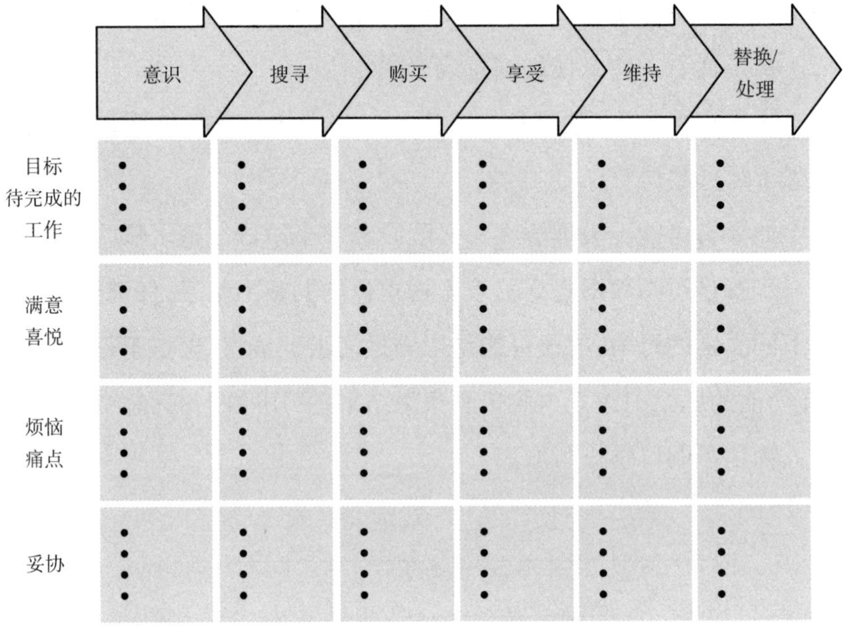

图 2-3 人物角色

正如克里斯坦森所描述的那样，“几乎没有例外，人们所需要或想做的每项工作都具有社会性、功能性和情感性方面的内容。如果商家能深入理解每个方面，那么他们就可以设计出具有精准目标定位的产品，换句话说，如果商家想要开发客户愿意购买的产品，那么他们分析的基本单元应该是‘工作’，而不是客户”。

请完成表 2-2。

让我们想象一下是否有其他的方式让消费者愿意雇用星巴克来完成传递“快速且味道纯正的咖啡因”的工作。公司可以销售味道纯正的能量饮料或咖啡因药片吗？或者提供一系列丰富的且具有不同剂量咖啡因的黑巧克力吗？

表 2-2 工作分析

1. 简要描述现有产品、服务或体验：____________________	
2a. 它为客户履行了什么职能 • 情感性的 • 社会性的 • 功能性的	2b. 客户可能会怎样描述它带来的益处 • • •
3b. 是否存在可提供相同或相似益处的其他备选方案 • • •	3a. 实际操作方面，是什么技术或者特点让它有这些优势 • • •
4. 有什么新的、潜在的理念可能破坏现有的产品 • •	

待完成工作有利于你将既定的产品或服务分解成以客户目标为基础的组成部分。为了完成这些工作，你需要分析与客户有关的观察数据并考虑客户的行为，无论是用他日常生活中相关部分的具体产品、具体体验，还是一些其他的情况。一些人可以很自然地完成这些事，而对于剩下的人，我们已经简要概述了一些简单的步骤作为指导。这项工作最重要的一点就是确保你和同事们有充足的时间讨论和探索表 2-2 中的步骤 1 和步骤 2。

（1）回顾对现有产品和服务体验的观察数据。什么效果好？你是否观察到了不寻常的行为？例如，消费者是否绕开常规的路线或临时走了其他的路？烦恼、痛苦、喜悦或满意的要点是什么？

（2）什么类型的工作已经得到满足？客户想要获得什么？你看到什么东西满足了他的精神需求，例如，喜好被满足，提高了生产率或自我强化，良好的社会交往等。

让我们利用框架分析常见的产品：在星巴克发生的咖啡购买行为如表 2-3 所示。

表 2-3　咖啡购买行为

目前的优势及他们是如何描述它的	口味纯正，芳香，促进唤醒，增加能量，容易获得，与“私人”咖啡师的互动，便捷的地理位置
从功能上实现了哪些好处	咖啡因，特殊的咖啡豆（芳香）和高于必需的热量，咖啡厅内饮用或驾车外带
其他现有可能提供相同优势或功能的产品或服务	麦当劳的便捷和低成本，饮料 4-Hour-Energy ——增加咖啡因浓度，巧克力

在这个简化的例子中，实际上每个替代品都破坏了星巴克的部分生意。麦当劳扩大了咖啡业务，并且通过便捷和成本方面的优势及同等甚至更好的口味捕获了市场份额。含咖啡因的能量饮料通过提供随时取用（在家中）的方式增加了便携性。

面对面采访

通过面对面采访，我们可以与目标客户进行更详细的交谈。采访对象可以是小组，也可以是个人。

实耐宝工具（Snap-On Tools）定期运用这些类型的采访来发现其核心客户（汽车机械师）的未满足的和潜在的需求。首席创新执行官本・布伦顿（Ben Brenton）将这种方法称作“客户联络”，并描述它为：“形成一种与客户之间的关系——聆听并观察客户以更好地了解客户的需求。它倾听客户的心声，增加对客户的深入了解，得到机会。倾听并理解是一个互动的过程，不是教育或售卖。目标是理解潜在的需求、痛点、行为、态度和动机。”

通过面对面采访，你会想要去了解客户和非客户为具体的产品或服务、理由或过程而做出购买决定的大背景。表 2-4 是一些例子。

表 2-4　了解客户和非客户

产品或服务	理由或过程
一个资产账户	为退休而计划和储蓄
移动手机	保持联系
百吉饼	边走边吃早餐
笔记本电池	管理电量

注意“理由或过程”与客户寻求的“待完成的工作”紧密相关，因为这么做会帮助你在思考时超越现有产品和服务的思维定式。我们建议如果你的目标是提出更新的和具有“突破性”的洞察力，那么你要多关注理由或过程而不是产品或服务。

一旦你在对话中让客户感到舒服，就可以进一步讨论针对具体目标的问题。对于实耐宝工具的本·伯恩顿来说，问题主要聚焦于寻找未满足的需求。在其他的例子当中，焦点可能在关注客户购买和使用的产品或服务：

- 你如何意识到（对产品或服务的）需求？
- 你会采取什么方式来搜寻和评估可能满足需求的替代品？
- 你如何比较搜寻到的备选项？
- 当使用这个产品或服务时，有哪些困扰？什么使你感到满意、舒服或激动？
- 什么会让你继续或更频繁地使用它？抑或减少使用？
- 什么会使你停止使用？

▶▶▶ 范例

圣戈班是如何运用面对面采访的

圣戈班（Saint-Gobain）功能塑料的创新领导者看到了洞察力驱动产生创意的价值。之后，公司部署了洞察力驱动方案来发展新的想法，范围涉及全球16个国家、50个地方、7个事业部。

为了在30个不同的市场应用中深入了解客户洞察力，公司对团队进行了具体技巧的培训。创新指导者基恩·安格斯（Jean Angus）非常清楚在B2B环境中获得信息的难度："在B2B的世界中，我们面对两大困难。首先，目前的客户和非客户很难坦白地分享他们的（战略）视角，因此我们需要花费时间去建立信任并永远保持极大的谦卑处理困难。其次，有时在B2B环境中，与客户交流并非永远都是自然行为，因此，我们在同事间构建舒适、信任和技巧性的氛围，帮助他们有效地与客户建立良好关系。"

基恩和她的团队为很多国内的团队提供培训并练习技巧，这些技巧使他们将注意力更多地放在对话和探索上，而不是"问题或答案"。正如基恩所说："成功来自有能力以正确的方式提出正确的问题。倾听是一项人们必须学习和练习的重要技能。"

团队通过与客户的交互建立新的洞察力，他们花80%的时间去倾听，20%的时间用来提问。他们的问题遵循创造流程，即"焦点、分歧、汇聚"。他们刚开始仅仅问一些背景问题，类似于"和我们说说你的市场空间（客户、价值链）"。接下来用探究性的问题，比如："一个比另一个更为重要吗？为什么？"

团队以"你们主要的挑战是什么"这种问题使受访者开始发散思

维。接下来会问一些诸如“这个挑战对你来说有多困难？为何如此？你曾经说……是这样的吗？把它当作挑战还有别的理由吗”的问题。

像“你对理想世界的预期是什么”这样的问题可以引导客户去思考未来的需求。团队还会告诉客户将来的趋势信息，然后问：“你认为这些趋势会引起哪些需求？”这个问题也会引导客户思考未来的需求。如果客户在谈话中发现了解决方案，团队会问：“这会为你带来什么？”

这些问题的目的是创造与客户舒适的交谈，从而对客户的需求有深入的了解。提问流程以汇聚式问题收尾，比如：“如果今天解决了这些需求中的某一个，会是哪一个呢？”然后团队会高度关注最重要的需求。

最终，在全球的基地中超过 300 位员工接受了训练。更重要的是，活动超越了圣戈班学习中心，推广到了整个公司范围，带来了更加牢固的客户关系和来自现有客户和新客户的新收益。

网络志

网络志（Netnography）由理查德·考兹奈茨（Richard Kozinets）开创，是一种基于消费者线上行为对其进行深入分析的技术，便宜、低调且快捷。他将网络志描述为：“它是自然的，密切关注人们如何在网络上进行表达；它是浸入式的，使研究者更深地理解研究对象；它是描写性的，试图传递当今时代消费者生活的丰富事实，带着所有他们背后的隐含意义和他们色彩斑斓的制图、绘画、象征、声音、图片和视频；它是多方法的，与其他线上与线下的方法良好地结合在一起，如采访和摄像。”

网络志对于创新者的价值就像通向消费者世界的窗户，它的价值会随着消费者使用社交媒体的增长而增长。有些人假设“意愿经济”最终会驱使产品和服务的提供者对消费者的现实意愿做出反应，扩大供应商和消费者之间经济影响的范围。

总体来说，网络志流程有 4 步（见图 2-4），这是我们根据考兹奈茨的描述改编来的。

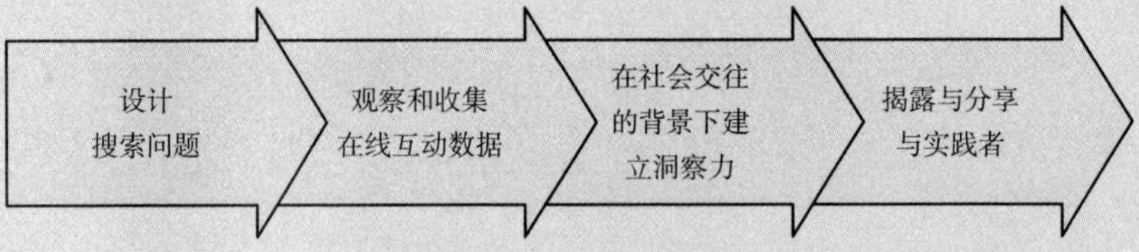

图 2-4　网络志流程

当你观察和分析线上互动时，你必须聚焦于“什么”“如何”和“为什么”。

- 什么样的个体在线上交谈？
- 他们如何交谈？
- 他们为什么要交谈？

洞察力类型 2：市场的不稳定

彼得·德鲁克说：“系统创新……由有目的性和有组织性的面向变化的搜索组成……通常来说……已经出现或正在出现。”正如德鲁克所言，“改变，是一种正在周围世界发生着的事情——你可以看到、观察和学习的事情”。

哈默在德鲁克的基础上提出，通过对可观察趋势的广泛种类之间或内部的深入观察，你可以“明白哪些是已经发生的改变，并且为组织鉴别出这些变化的先兆”。这种情况下，“看到未来不仅是预测，不仅是方案计划。而是在改变已经发生的情况下，猜测你可以使什么发生”。

当然，可能包括你在内的很多组织在追踪趋势。然而，洞察力驱动创新需要的不仅仅是“追踪趋势”或探寻来自单个趋势的暗示。为了建立丰富的洞察力，你“必须及时了解生活方式、技术、人口统计资料、地缘政治学等的趋势变化”，以及价值、宗教、规则、社会经济学中的趋势变化，这样你才能想象未来。你可以将这些变化认为不稳定。

不稳定可以帮助你预料干扰因素，它是对变化的洞察力，你可以通过了解市场、行业、监管、技术性、人口统计和其他的趋势的交叉来预测这些变化。正如哈默尔所说，“鉴别和理解不稳定可以让你通过公共可用数据（暗示了变化的一组趋势）建立专有的洞察力（不稳定）。不稳定帮助你指向你所创造的未来，而不是在跟随他人的过程中接受未来。”

启动：不稳定

由于建立不稳定洞察力的基础是观察已发生的变化，因此你需要先收集相关领域的趋势数据。通常我们看到组织会寻找那些在一定领域中反映了变化的趋势（我们之前曾经提到），例如：

生活方式：在时尚、居住习惯、流行电视节目方面的变化。

技术：在某项技术中费用显著的减少或增加，新技术的出现，对数字内容消费的改变，行业内外具体科学领域中的改变。

人口统计学与社会经济学：在社会范围内年龄、种族、教育、死亡率、生活质量构成方面的变化。

地缘政治学：在一个国家或地区内权利结构、影响力、经济的变化。

价值：在观察到的行为变化和关于“什么是重要的”方面的态度变化。

监管：在监管结构和规则方面的变化。

宗教信仰：在社会中正式或非正式宗教行为的变化。

行业（或市场空间）：在结构或竞争的基础方面的变化，包括市场份额、盈利能力、价值链和领导职位。

尽管在这些趋势中寻找变化是非常有帮助的，但是你可能会发现，在具体的环境中，你或多或少需要将中心放置于一个特定的领域，或者改变你所感兴趣的领域。举个例子，假如你现在是一名非政府组织（NGO）成员，你的任务是使用创新来探索处理水资源匮乏的方式，你所关注的行业可能包括“水资源匮乏”方面的其他的非政府组织、政府组织或者营利组织。这时，技术对你来说是至关重要的，宗教信仰可能就不那么重要。相比之下，假如你在一家汽车保险公司工作，你可能需要更多地关注你所在行业传统价值链的分拆及整合。

为了收集这些数据，你可以着重关注内部资源，比如你的销售调研或战略目标。在组织之外，你可以在《金融时报》（*Financial Time*）、《纽约时报》（*New York Times*）或《华尔街日报》（*Wall Street Journal*）等主流期刊上快速找到趋势信息；或者，你可以通过翻阅《印度斯坦时报》（*Hindustan Times*）、《中国日报》（*China Daily*）或《巴西日报》（*Jornal do Brasil*）对环球信息有广泛的了解。在某些方面，比如宗教，有大量的网站和出版物专门介绍这个话题。

收集到了足够的趋势信息后，根据目前可以了解的各种趋势，以确定整个趋势的类别划分。这些主题可能预示着已经存在或即将出现的颠覆性变化。图2-5提供了综合趋势的框架。

在图2-5中框架的边缘部分突出了一些区域，我们可以在每一区域列出相关的趋势。在中心部分可以列出“候选不稳定”或颠覆性的变化。在初步的综合之后，你需要对每个候选方案进行彻底的讨论，之后再寻找确定（或否定）的证据对其进行审查。

会有一部分不稳定的变化显著影响组织发展和目前的经营模式的潜力，你最终的目标就是鉴别出这一不稳定的变化。你可能会识别出潜在的正面或负面的变化（见表2-5）。

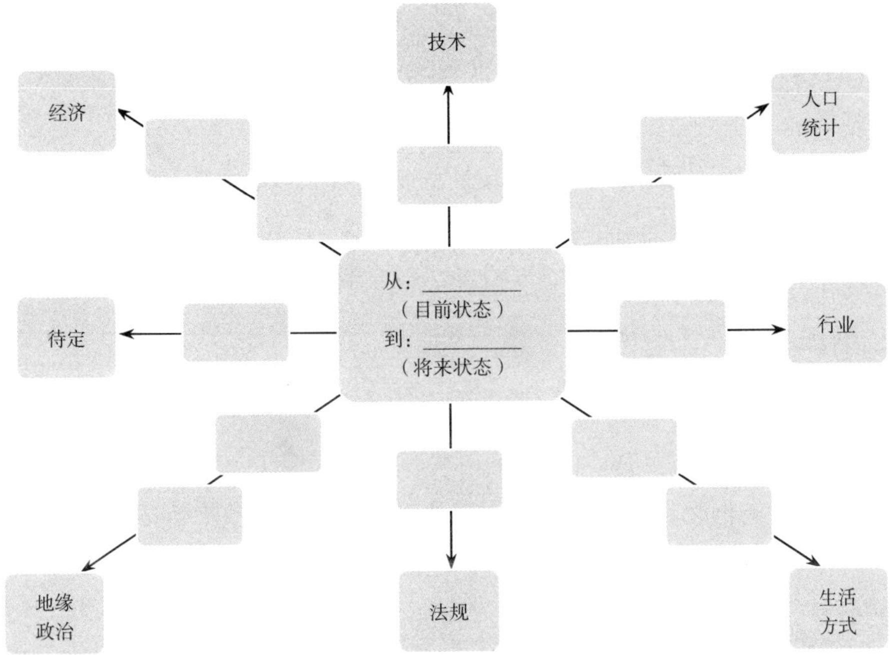

图 2-5 寻找不稳定

表 2-5 识别变化

变化的类型	从……	到……
技术性	• 基于互联网 • 电脑智能	• 物联网 • 全方面智能
社会性	• 对公共机构的信任 • （西方）传统双亲家庭	• 不信任任何公共机构：教堂、企业、政府 • 单亲家庭 • 多代家庭
全球贸易和政治	• 外包 • BRIC（巴西、俄罗斯、印度和中国）组成的第三世界国家	• 内销 • BRIC 成为增长地区和全球影响力中心 •（部分）非洲国家成为新兴增长经济
产品的自然属性	• 食物主要提供的是营养、味道和饱腹感	• 食物用来提高健康水平

你应该注意到，表 2-5 中的例子本身并不是一种趋势。更确切地说，这些变化代表了你如何看待市场和行业中这些相关的、潜在的混乱变化所暗示的一系列趋势。

总体来说，客户洞察力和不稳定性为你提供了丰富的外部视角，通过这个视角，你可以设想新的可能性。

现在，让我们来看另一种增加新视角的技巧，这种技巧更多地关注组织内部，以核心竞争力为起始。

正如哈默所主张的，你可以调查近 5 年之内组织里最瞩目的成功案例，识别出组织的核心竞争力。这么做的实质是将你的成功原因分解成有效的要素和做法。图 2-6 的框架可以用来帮助你寻找组织的核心竞争力，并对讨论内容给予一定的指导。

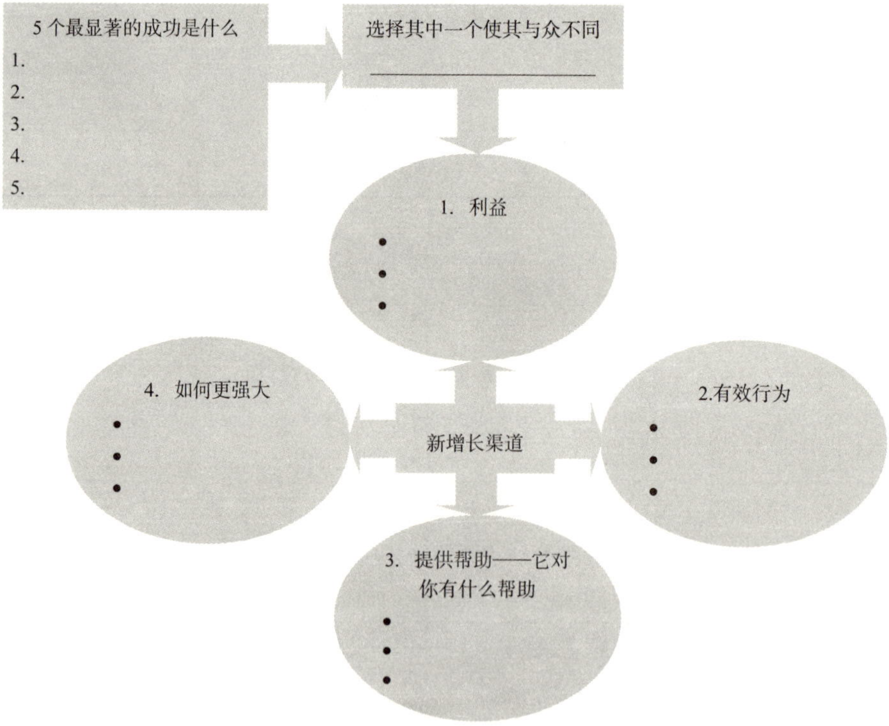

图 2-6 分解核心竞争力

图 2-6 中各项目的详细说明如下：

（1）**利益：**什么造就了“瞩目的成就”？我们创造了什么价值？我们提供了什么好处？

（2）**有效行为：**我们汇聚了哪些东西之后才获得成功？是授权的工艺或技术吗？还是一项特殊的技巧？还是我们运用了某个有形或无形的独特优势？

在这部分讨论中你所需要做的事情，用哈默的话说就是寻找“技能与技术的集合”，这是传递优势的基础。核心竞争力是代表了各种技巧的一种集合，也正是这种集合形成了核心竞争力的突出特点。

（3）**提供帮助——它对你有什么帮助？**回顾有效行为，你会怎样描绘这个潜在的竞争力？这些有效行为对企业或组织层面的哪些能力提供重要的支撑作用？

（4）**如何更强大？**我们潜在的竞争力是否为终端客户和客户提供了清晰和吸引人的优势？它在将来是否会继续为市场提供优势？我们潜在的竞争力是否相对独一无二，或者它是否会被轻易取代？

洞察力类型 3：竞争力和战略资产

你不仅仅关注你的产品、服务或经营，还要查看你的竞争力和战略资产，因为它会为你提供一种视角，促使你用独特的技巧深入地思考组织本身。这种想法会让你更广泛地思考潜在增长力，并且会为你提供筛选的标准和行动战略。即使你现在尚未进入竞争市场，它也能为你提供在市场或经营中“为什么能够获胜”的逻辑准则。

当加里·哈默和普拉哈拉德（C. K. Prahalad）发表了名为“组织的核心竞争力”这篇开创性的文章时，竞争能力这个概念还没有成为业界主流。与其他经久不衰的管理理念一样，基于竞争力的思考来源于彼得·德鲁克的文章，而其中的术语、概念和框架常常被人误用。

具有成长性思维的实践者运用这种类型的分析看到了新的机会，重构了他们的核心业务，并且开拓了全新的市场。例如，总部位于费城的美国公共事业公司（PECO）认为他们之所以可以像现在这样成功，与高效能、操作安全的核能发电方面的努力息息相关。“PECO 致力于寻找潜在的假设，在十年前一场危机中，努力将桃花谷核电站按照法律遵从性原则执行，并由此挖掘出其在大型、关键任务的基础设施方面的核心能力，PECO 从桃花谷事件中证明了他们有能力将‘问题工厂’改造为低成本、高效能表现的工厂，由此开始在市场中崭露头角。”由于将洞察力这一因素融入核心竞争力制定的策略中，PECO 进行了一场世界核能发电资产交易，仅用 2 300 万美元收购了处于困境中的三里岛（Three Mile Island）反应堆，促使 PECO 一跃处于行业领先的位置。最终 PECO 与芝加哥联邦爱迪生公司（Chicago-based Commonwealth Edison）合并，成为美国最大的核能生产商。

一旦选定了候选的核心能力，哈默建议依照以下三个标准对其进行客观的评价：

- **客户价值**：它是否创造了“与感知价值不成比例的贡献”？
- **优于直接竞争者和能力竞争者**：现有能力是否使我们具备与众不同的竞争力？以怎样的方式呈现？
- **通向新市场的大门**：能力达到什么程度之后可以帮助我们进入新市场，或者帮助我们打破正在竞争的现有市场？

你会发现，你所进行的评估并不会得到一个是或否的确定结论，而是会得到一个相对程度的优势。核心竞争力会提供重要的策略性基本原理，帮助你以有竞争力的防御方式在市场中竞争或进入新市场。因此，当你确信自己已经理解了竞争力时，思考下列问题：

我们还能利用这个能力做些什么？我们怎样利用它来重构或提升我们的核心业务？它怎样才能帮助我们跨向邻近市场或建立新的商业模型？

圣戈班的董事长汤姆·金斯基（Tom Kinisky）很早就认识到了能力对于筛选所追求的创意很有帮助，如同屏幕和过滤器一样。在实际中，正如训练工作所展现的，创新团队很快认识到，成功地将客户吸引到战略对话中来的先决条件就是，团队要对他们的能力有深入的理解。他发现，理解公司的能力可以保证与每个业务团队之间的对话富有成效，并且最终通向更加有吸引力的机遇。例如，他们在经营的过程中最瞩目的成就就是他们为客户提供了超过 10 亿个轴承，并且每个都是按照客户的要求进行设计的。

圣戈班的团队开始详述一项具体的能力（公司机密）就依赖于这个成就，受“技术与技能的集合”的支持。当他们依照上述哈默列出的标准对其进行评估时，他们明白只有有力且站得住脚的能力才能保证成功地创造出一系列新的产品。具备了竞争力视角，团队可以提出可靠方法帮助圣戈班处理具体未解决的问题，消除不安。

洞察力类型 4：行业传统观念

行业传统观念指行业中的惯例或范例，代表着很可能被忽略的“具有颠覆性的观点”，这些观点可以探索增长空间或机遇。研究行业传统观念就是带着“行业中的最佳做法”的概念，换一个角度思考，这样会让你客观且清晰地看到“空白区”的机遇。

我们在建立破框洞察力的背景部分说过，如果想要识别新的、吸引人的机遇，挑战现有的行业传统观念，那么采用完整的商业模式框架会特别有帮助。实际上，商业模式“描述了组织如何创新、传递和捕获价值的基本原理”。当你以全局的视角审视商业模式时，很容易辨认出哪些选择促使组织取得成功，你可以将这些具体选择看作传统观念，即他们认为能够保证成功的要素。

我们发现，识别出商业模式中具体要素的传统观念是非常有好处的。亚历山大·奥斯特瓦德（Alexander Osterwalder）和伊夫·皮尼厄（Yves Pigneur）描绘了9种商业模式的建筑模块，我们将其总结如下。

谁是你的客户，你为他们提供了什么好处？

① 你的客户价值主张（Customer Value Proposition，CVP）和提供的"优势"分别是什么？

② 你为哪部分客户服务？与各部分客户的关系如何？

你如何到达市场？

③ 你对渠道合作伙伴的价值定位是什么？

④ 你执行的一系列活动是怎样的？

⑤ 什么活动由你的渠道合作伙伴执行，用以传递你的客户价值主张？

⑥ 除了渠道之外，还有什么关键的合作关系可以使你成功？

你如何持续地获得价值？

⑦ 哪些收益流得益于成功地传递客户价值主张和渠道价值主张？

⑧ 你需要捕获收益流的成本结构是怎样的？

⑨ 你保持优势的源头是什么？

表2-6总结了两个教育组织在商业模式上的不同选择，他们都获得了极大的成功。我们都很熟悉哈佛商学院（Harvard Business School，HBS），它享有极高的盛名，并接受几十亿美元的捐助，而其在学费方面的收入远不及捐助。你可能不太熟悉阿波罗（Apollo），它是菲尼克斯大学（University of Phoenix）的母公司，是世界上最大的私人教育机构。在撰写这篇文章时，这所以营利为目的而建立的学校已经拥有了20亿美元的资本市值总额，以及由32 000名教工组成的队伍进行网上和教室的课程传授。

表 2-6 商业模式的不同

	哈佛商学院	阿波罗-菲尼克斯大学
谁是客户？你提供了什么好处	个体为了寻求哈佛教育体验，毕业证书上的标志，以及它所提供的相关网络和连接。哈佛商学院不接受客户	商务专业人士（和他们的公司）通过教育寻求职业发展。学校接受可以支付学费的大部分申请者。学生在工作结束后上课，适合他们的工作时间表。包括“终身学习”的客户
你如何去市场	客户来到哈佛商学院固定位置	通过包括传统办公楼在内的多“校园”位置提供远程和教室两种课程方式。遍布美国、印度、智利、墨西哥和英国
你如何持续地捕获价值	学费、继续教育课程和出版收入的盈利模式 与其他私人和非营利机构相比，社会团体和校友的捐赠创造和维持了哈佛的大部分捐赠基金。“明星”教授出版书籍且常在重要的全球公司做顾问	收费课程模式。首先利用高质量但是不知名的教员，有些只有本科教育程度。充分利用联邦教育津贴和向个人的贷款

正如你所看到的，虽然选择一系列相异的商业模式进行运作，但两个组织都获得了成功。

你的组织也在对其商业模式做出选择，通过挖掘这些选择，你可以鉴别出组织在市场空间内运作时的传统观念。

启动：培养高强度的传统做法洞察力

如果身处组织之外或与组织没有经常性的交互，那么一个人很容易发现其中的传统做法。然而我们发现，团队更喜欢努力去找寻他们所处行业的传统观念，但是他们常常太习惯于“周围一切运作的方式”，以至于忽略了其他可能的发展渠道。下面几种技巧可以帮助你摆脱行业传统观念。

思考“我们的组织不会选择做什么”

这里再次重申，传统做法代表了商业模式的选择。哈佛商学院选择强调其教授的声望，因为这样有利于提升它的品牌，也有利于将其校园位置限制在马萨诸塞州剑桥市。但是哈佛商学院不会做下列的任何一项事情：

- 接受每个提交申请并有能力支付课程费用的人；
- 作为经常性的活动，允许学生实质性地参加课程；
- 在遍布美国的郊区办公楼内授课；
- 宣布它是“营利”机构。

一旦发现了潜在的传统观念，你可以选择一种较为特别的做法（一些常规情况下不会去做的事情），并对其进行进一步的探讨，明确地鉴别出可以探索的新机遇（见图 2-7）。

图 2-7 所展示的框架可以在内部同事间的讨论或会议中使用，也可在外部与信任的供应商甚至客户的讨论或工作会议中使用。

通过案头研究或内部对话识别出传统观念

- **回顾分析者对行业、你的公司和竞争对手的报道**。注意分析者对行业和组织做出的明确或隐含的设想。
- **回顾公司的使命和电视录像**。查看电视如何报道你和对手公司（对于上市公司，可以参考 10K 表或年报）。理解技术、市场渠道与客户部门服务之间的相对重要性。回顾联盟和合作伙伴之间的相对重要性。
- **采访组织中的新老雇员**。这些谈论可以为你指明传统观念，下面的问题可以帮助讨论。

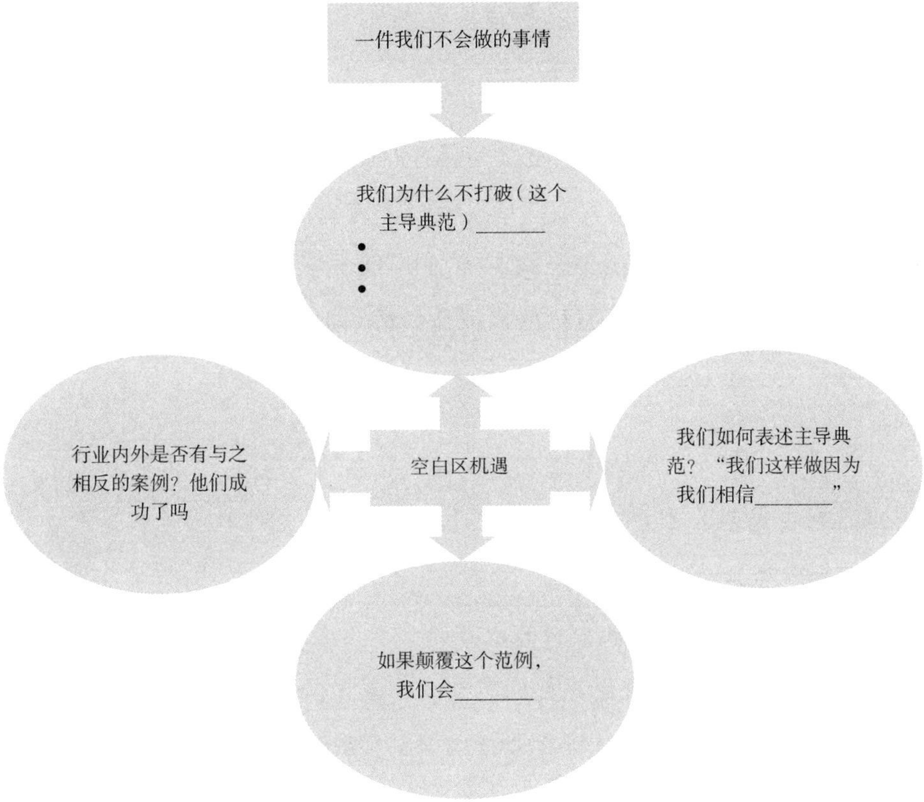

图 2-7 探索新机遇

新雇员：

- 通向我们市场、客户、业务的哪些方法使你感到惊喜？
- 哪些行为阻碍了我们前进？
- 在你工作的这段（较短的）时间里，你是否遇到过一些“敏感话题”，让你认为这是一个“不可谈论”的话题？为什么？
- 如果让你做，你会做什么与众不同的事情？

长期雇员：

- 为什么你认为我们通向市场、客户、业务的路径是力量的源泉？
- 这些力量为什么及如何帮助我们获得成功？

- 这些方法隐含了什么潜在的信念或成功的关键因素？

通过分析模拟竞争对手识别传统观念

我们将“模拟的竞争对手”定义为具有商业模式要素的组织，这些要素可以作为指示器，帮助我们富有成效地推翻行业传统观念。当然，模拟的竞争对手实际上按照一系列不同的规矩办事，他们可能并不会直接与你竞争或你们之间完全不会有竞争，但会涉及你所在行业的传统观念。

一个简短的提示：

> 传统观念是行业内普遍相信能够促使成功的做法。你需要利用这些准则去竞争或者（试着）获胜，但这很可能会阻碍你发现其他可供选择的竞争方案。
>
> 对传统观念的彻底分析可以揭示你和其他组织追随的行业准则或教条。如果对传统观念缺乏洞察力意味着你的组织可能对于某一特殊的运作方式视而不见，那么分析若干个模拟竞争对手可能会帮助你激发和重构想法。

让我们看看表 2-7 中的几个例子：

表 2-7 模拟竞争对手分析

通过可代替模型发现传统做法		
行业和公司	传统做法洞察力	传统做法的可代替方案
电子消费品——三星、乐金、联想、戴尔	我们通过技术（通常是等价的），出售产品并提供具体功能	**苹果**：我们通过技术出售愉悦和具有吸引力的体验
汽车保险——好事达、安联集团、美国联邦农业保险公司	我们出售法律规定消费者必须购买的产品，但消费者本身并不一定有很强烈购买欲望	**前进保险**：我们提供给你一种“巧妙地选择”，捆绑了产品额外保护的同时帮你节省钱

续表

行业和公司	传统做法洞察力	传统做法的可代替方案
银行或金融—— 大通银行、渣打银行、花旗银行	我们提供资金和金融服务以帮助中小型企业成长	通用金融：我们提供基础服务（像渣打一样），同时通过我们在六西格玛、品质、经营改进方面的顶级实力，帮助客户完善他们的商业运作方式

从表 2-7 中我们可以看出，你可以思考如何在行业内外用一系列不同规则来运作公司，并将其看作模拟的竞争对手。在表 2-8 中，我们提供了一系列具有独特“规则”的例子，并且每个规则都相应地建议了一些模拟竞争对手。尽管这些例子并不都与你具体的环境有关，但是其中有几个可以适合很多境遇。运用这些例子，你可以以小组为单位或由你自己筛选出合适的模拟对手，然后设问：“如果竞争对手想要进入我们的市场，它会有什么与众不同的做法？他们怎样用不同的方式为新老客户服务？”

表 2-8 运用类似物挑战传统观念

商业模式习惯：通过……获得成功	模拟实例
良好的客户体验	丽嘉酒店、四季酒店、迪士尼世界、海岸资本储蓄、苹果商店
网络零售	亚马逊、易趣、前进保险、阿里巴巴
高效率	麦当劳、沃尔玛、苹果
信息与大数据	美国运通、第一资本、IBM、埃森哲咨询公司
自然的与有机的	艾凡达、全食超市、自然
服务于产品的集成	通用医疗、西门子医疗、IBM 全球服务与咨询部门、联合包裹送货服务与专业物流
风险管理与减少损失	美国联邦农业保险公司、好事达

这些例子阐明了模拟对手的概念和用途，可以将其作为一种技巧来指导你挑战和颠覆商业模式传统观念。当然，很多类型的商业模式都有一些额外和与众不同的元素，你需要识别出哪些适合你想要解决的客户难题或问题。

洞察力类型 5：发现和筹划空白区

我们将空白区定义为核心业务内部、邻近或完全外部的新增长空间（尚未成为具体的机遇）。只有满足尚未满足或还未明确表达出的需求，或者解决明显的客户妥协和焦虑，才能在这些新的潜在增长空间中取得成功。进一步讲，颠覆已建立的传统观念，可以有效地捕获核心领域的空白区。

可以将上述方式看作用新的规则进行一场游戏。通过在新领域建立核心竞争力和战略资产，打开邻近和非核心的空白区。

你可以运用我们讨论过的客户洞察力、市场的不稳定、竞争力和战略资产及行业传统观念这 4 种类型的洞察力，从识别潜在的空白区开始。

运用待完成的工作框架识别空白区

再重申一下，待完成的工作框架帮助你摆脱现有产品和服务的限制。你要特别关注客户正在寻求的结果，通过聚焦于客户雇用你去完成的工作而不是现有的产品和服务，摆脱服务市场和现有产品的思维定式。在寻找满足客户需求的替代工作时，可以按照如图 2-8 所示的框架进行规划：

这个框架的目标是清晰描绘组织商业模式的选择（也就是传统观念），传统的竞争者，以及（如果可能）刚进入你的或邻近的市场区域且具有竞争力的新人。如果想要以新的、增值的方式解决图 2-8 框架中的 4 列问题，我们建议你打破若干个目前的行业习惯，并探索新的竞争方式。

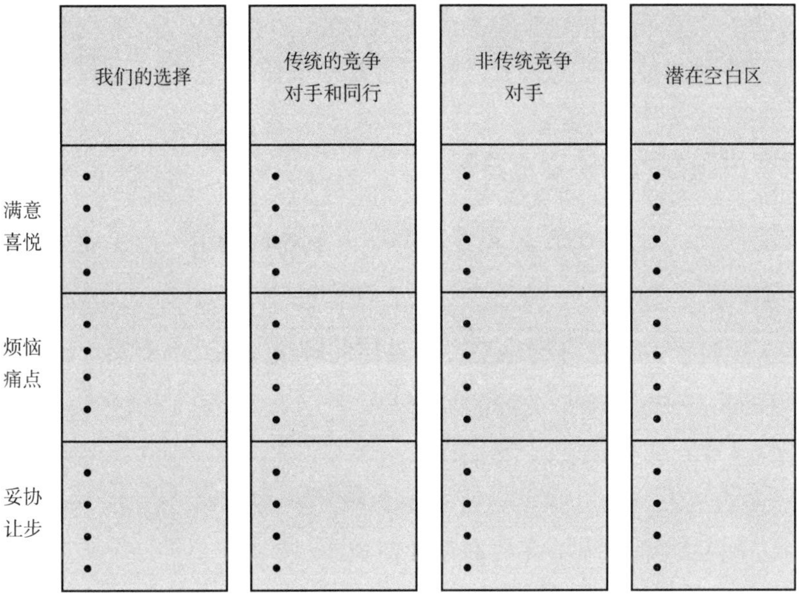

图 2-8 工作框架

例如，就中小型企业的金融服务市场来说，主流玩家，如大通银行、蒙特利尔银行、德意志银行都为其客户提供资金和金融服务，以此帮助增长和支持他们的贸易，通用金融也是如此。

但最近，通用金融踏入了邻近的空白区，他们帮助客户“承担最艰巨的挑战”，通过其在六西格玛、品质、经营改进方面的顶级实力，帮助客户提升他们的商业运作。通用电气（GE）的创新者从他们已有的经验中发现，这些经营方法在任何组织中都可以开启巨大的价值。他们看到了中小型企业市场中的未满足的需求。同时他们也知道，他们在改进经营方面的核心竞争力，可以在更宽广的通用组织内部和之间进行传递。

他们以图 2-8 中构建的逻辑作为开端，发现了以极具竞争力的方式向核心市场传递更多价值的机会。如果机会依然不明显，那就必须思考下列问题：

- 在业务增长方面，在融资之外，更加广泛的客户问题和挑战有哪些？
- 哪些附加服务是我们可以提供而对手不能提供的？

用客户洞察力来鉴别空白区

先前提到，一家 B2B 公司在他们一部分客户群组（重工业）中进行了观察、面对面采访和体验。从过去来看，他们的现有客户从竞争对手和 B2B 公司处购买组件产品，并将产品整合为具体的解决方案。当洞察力团队进行进一步的工作时，产生了两个关键的见解：

- 客户从几个不同的供应商处购买组件，在某些情况下，这种趋势为客户的经营带来不必要的麻烦和高成本。
- 越来越多的客户寻求嵌入智能式的解决方案。也就是说，关于维护和保养，他们希望产品提供不断进步的自我诊断和自我管理。

这两种见解促使 B2B 洞察力团队创造了空白区示意图，如图 2-9 所示。

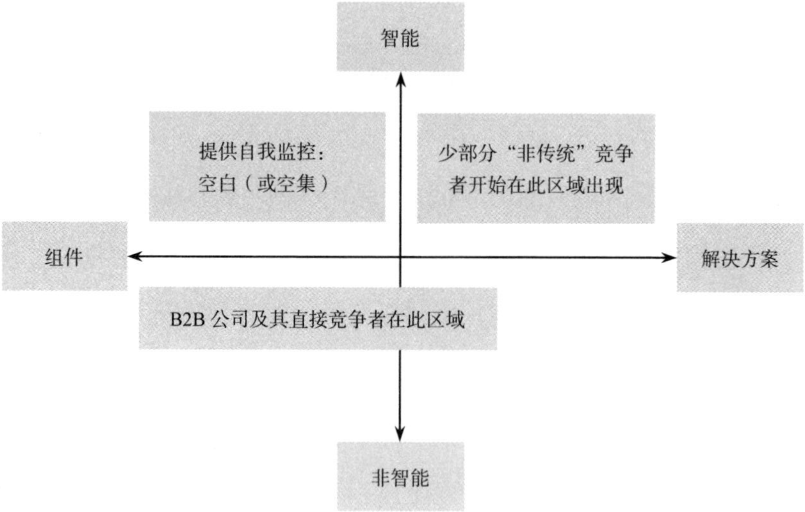

图 2-9　空白区示意图

从图 2-9 中可以清晰地看到，主要的竞争对手不参与上半部分竞争——这是客户表现出痛点最多的区域。然后 B2B 团队准备就如何捕获空白区机会而开发具体的创意。

小结

- 保持“创新=新学识”作为组织活动的中心原则。精心安排你的组织活动，并通过洞察力创新目标的相关内容获得新学识。
- 卸下传统观念的包袱，尽管有很多其他方式可供使用，但“待完成的工作”可以很好地帮助你获得新见解。
- 将你观察的重点放在一个特定挑战所构成的边界之内，最好是针对某一个战略性的中心内容。永远从全局的角度审视商业模式（或个体经营理念），并将此作为工作的中心点。特别要说的是，理解新洞察力如何引导你锁定商业模式中与众不同的“谁、什么、如何”等要素。
- 在提出想法之前，先通过打破框架的新学识（新洞察）进行整体构思。你可以以某种新洞察力为基础开发创意，也可以结合多种相关的、框架之外的洞察力来开发创意。
- 将框架看作脚手架，指导组织活动或进行会话，并帮助你和组织拓宽想象力。避免将其看作（或用作）“为了得到创新的答案而填充的模板”。要想有好的创新结果，关键是将新学识转化为新的创意和机会。框架并不是我们的最终目的，而是我们达成目的的一种手段。

Chapter 3

第3章

实施突破式创新

我需要战略创新——有条理的、一致的创新。

如何才能打破现有的竞争模式呢?

市场中的哪些机会能够让我成为突破式创新的领路人?

我要识别、捕捉并且守住新“空白区”的机遇。

洞察力（insights）是创新的基础。它可以帮你通过 3 种重要的方式形成与众不同的思考方式。你可以用洞察力来：

- 形成最初的想法。从第 2 章可以知道，通过帮助你从新的视角审视你的客户、市场和公司，洞察力帮助你形成完整构思。在这种观念下，你可以用洞察力的交叉点——洞察力的组合来激发思考，产生大量的新想法。
- 识别具体的、突破式的空白区机遇，建立与新产品、新服务观念相关的途径，这种途径能使你获得并有效地保护空白区。我们将这种方法称为**划界（domaining）**。
- 构建能够使创新活动逐渐聚集并聚焦的战略性逻辑，从而使组织可以将组织活动集中在最有发展前景的机会上。通常这种技术被称为创建**创新构架（innovation architecture）**。

域：创建一系列相关的理念

我们把**能为相同的客户（或消费者）提供益处的特定产品或服务理念的组合定义为域（domain）**。一个构建完善并且实施良好的域本身包含一种累积性的逻辑，并且涵盖了能够保证组织获得成功的特定机遇及特定的实际任务。

你不需要以“划界”的形式去创造一个有趣的机遇并把它推向市场。划界有助于摆脱在 B2B 和 B2C 模式下，多种新产品开发（NPD）过程中频繁的一次性创新。不管你是否想要，是否需要，发展域作为创新工作的一部分，将有其特定的情景。

可以应用划界技术使自己的新产品或服务工作达到以下水准：

- 基于如何及为何要占领这一空白区域的洞察力角度，促进新产品或服务工作的发展。

- 确保持续性的活动能够将自上而下的战略观点和自下而上的观点有机整合起来，这些自下而上的观点详述了将要追求的具体机会和你识别出这些机遇后进行的行动。
- 重视创造及动态地管理一组集成的行动——能够支持新产品开发工作且能够清楚地衔接短期和长期的行动。

域从发展的角度帮助你加强新产品开发工作中的一致性

之前说过，精心设计和实施良好的域带有累积性逻辑，并包括具体的机会和成功所需的具体行动。在指导壳牌“创意孵化器”项目的过程中说明了借助于域在其组织内实现突破式增长的 3 点原因：

- 为了连接长期计划与短期计划，使一系列相关的机会具有隐含的逻辑性和一致性。
- 为了将技术与策略联系起来。大多数壳牌“创意孵化器”项目都会有专有技术。
- 为了将自上而下和自下而上的创新工作联系起来，这些工作由不同团队发起，并且有时这些团队并不十分了解彼此。

联合健康集团使用以域为中心的方法来指导他们在突破式创新方面的发展，并且将工作重心放在最重要的战略挑战方面。应用洞察力技巧形成的观点与以下 3 个内容相关：他们或许能够解决当前热门的客户难题；有效地推翻传统观念；在能力和战略资产方面得到新的提升。举例来说，他们基于消费者的域正在探寻如何“帮助人们拥有更健康的生活方式”。

不同于产品发展的传统方式，划界需要保证特定组合中的每个机遇都能帮助你向相同的目的地前进。如北极星一样，为你指引方向。我们发现：在特定业务单元中，新产品的开发渠道包含了相当好的、很吸引人的机会。然而，通常这些机会在战略层面并不是直接相关联的。相比之下，域更侧重于关注战略发展，而不仅仅是提供一组只有一点点关联的机会。

如何成功地创建域？下面让我们来看一个例子，然后总结出遵循哪些步骤，可以使我们创建一个或多个与自身业务相关的域。

绘儿乐使用划界技术填充其新的发展型机遇中的渠道。他们开始培养一些基本的洞察力，而这些洞察力能够在很大程度上帮助他们加深对潜在产品、市场，乃至其竞争行业方面的见解。通过第 2 章，可以了解到他们的新研究是关于儿童看护人的焦虑。这种焦虑来自两个方面的冲突：一方面，渴望孩子能够自由地享受游戏中的乐趣；另一方面，担心（可以理解的）孩子们在游戏时身处的环境。如果家长能和孩子们一起参与这个过程中，这样的要求是可以实现的。但是家长通常会有其他的事情要做，例如，开车、准备家庭聚会等。这些洞察力可以带领你走向新发展的域，包括图 3-1 描述的“无限制”的域。

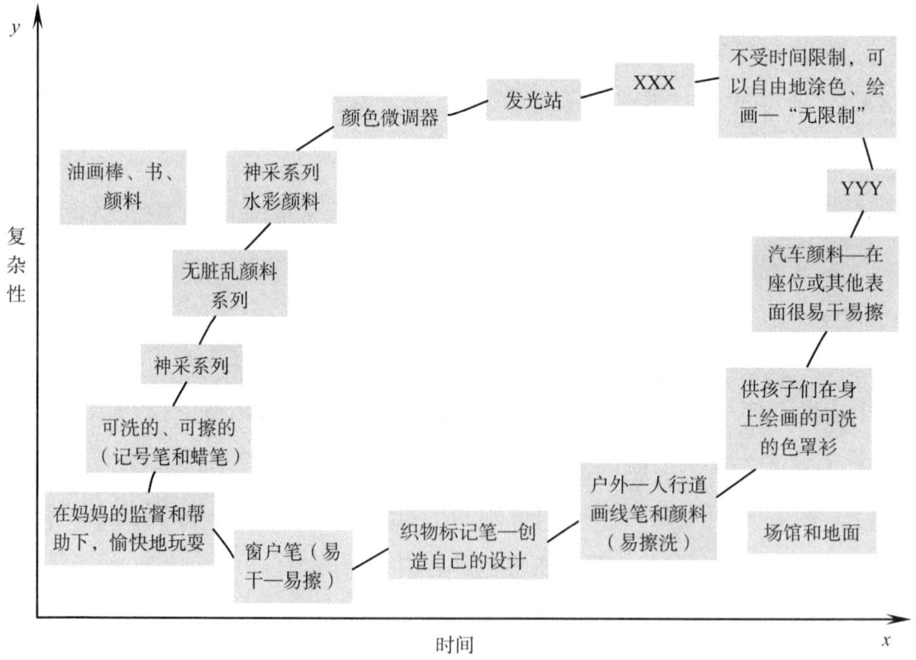

图 3-1 绘儿乐“无限制”的域

让我们仔细看一下结构。

对绘儿乐和其他组织来说，域的框架在很大程度上有助于创新机遇的构造和实施。时间（x 轴）和复杂性程度（y 轴）两个维度可以指导团队对每个理念的适当顺序进行思考，提供了未来可以推向市场的具体、离散的产品理念。

在右上角，创新团队为这个域设定了一个长期、基于利益的目标——抱负或梦想空间。梦想空间担当着北极星的作用，可以对发展型工作提供指导。

注意，“条条大路通罗马”。在域的变迁描述中，不止一条“路径”。这些路径代表着具体域的创新维度和团队试图发展的竞争优势。每一条路径都由特定的产品和服务理念构成。

公司执行委员会研究记载了绘儿乐的故事，恰当地指出，平台代表了“往往需要摆脱公司所熟悉的产品类别和业务模型”的梦想空间。在划界技术的帮助下，绘儿乐可以为已经准备就绪的机会部署员工，同时预测将来可能需要培养的能力，以便满足将来可能出现的较好的机会。这项技巧还可以让绘儿乐设法使它的技术朝着既定的梦想空间的方向发展。

洞察力——驱使域发展

你可以用来自不同资源类型的输入信息开发一个域，洞察力或具有战略重要性的领域。

- 正如我们在绘儿乐和爱立信的例子中看到的：**洞察力驱使域**是由洞察力碰撞（洞察力的组合力量）产生的想法的子集发展而来的。
- **具有战略重要性的领域**可以指明潜在的域，或者，至少使洞察力活动更集中。

创建域最有效的方法是将域建立在坚实的洞察力基础上。就像前面所说的那样，洞察力可以让你形成完整构思。为什么呢？因为洞察力是在广泛的目标背景下发展起来的。这些目标专注特别的挑战，就像联合健康集团专注“帮助人们以更健康的方式生活”的战略一样。

分享见解，勾画出可行的域

在实践中，这类基于洞察力的构思过程可以拆分为一系列步骤，其中第一步就是在产生创意和创造域之前分享洞察力。与谁分享？在这个具有洞察力的团队内部分享，如果可能的话，也可以与公司内部具有相关专业知识、技能和激情的其他同事分享。

审视个人见解的有效碰撞，激发对新发展机会的思考。你可以从简单的电子表格或其他类似的软件中获取灵感。

最初的想法集不会是完全详细的商业理念。相反，它们很可能是一些详细理念的片段，这些理念是来自一组特定洞察力的灵感。将片段转换为候选域是一个创造性的执行过程。该过程有以下几个步骤：

（1）回顾所有的想法片段，寻找主题和代表着有意义的发展型空间（潜在领域）的线索。

（2）对于任何特定的、感兴趣的领域，一旦在头脑中形成了候选域，就开始详述自己的观点，思考以下问题：

- **目标客户或目标消费者是谁？**这个域解决了什么难题？可以缓解怎样的紧张局面？有怎样的好处或价值？
- **如今，客户是如何解决这些难题的？**他们做了什么？通过这次的选择，他们获得什么好处或价值？
- **为什么我们的方案会是更好的解决方案或替代方案？**为什么我们可以提供对于现存情况而言，具有阶跃式提升的方案？从消费者角度看，哪个方案是更好的？我们的优势来源是什么？
- 这个领域的空白区间可能有多大？判断空间大小的依据是什么？

（3）选择较少数量的域，并对其进行更加严格的描述。组织和环境不同，为进一步研究而选取优先域的最佳数量也会相应地发生变化。同时，你可能会发现其中一些域由于利益重合或由于将相关观点进行整合之后可以得到一个更突出的观点，所以有必要将域进行融合。

一旦你已经开发出候选域，你就要准备选出最有发展前景的领域进行进一步的详细描述。

详细阐述并评估你的域

选择几个看似有着很大潜力的领域，通过详细的阐述让人们了解它们。当详细描述新领域的时候，你会发现关于它所代表的机会空间有太多信息是自己所不了解的。因此，用清晰的、强大的业务逻辑对该领域进行完整的描述和研究，这个过程可能需要花费几周的时间。

你可以用表 3-1 中显示的详细阐述域的框架作为考虑或讨论最初看法的指南，也可以作为检验即将面对的各种未知、不确定情况的指南。从消费者的角度开始描述域：指定目标客户，考虑如今消费者所面临的难题并且思考消费者是如何解决的，想一想为什么自己的解决方案能够吸引消费者的眼球。

表 3-1 域的详细描述

域的标题：	
描述：	
价值主张	区别
• 谁是目标客户 • 我们可以为客户解决什么难题？消费者目前有什么未满足的需求 • 对于这个领域，我们正在提供什么？关于哪些方面	• 我们所提供的解决方案与现有可用的解决方案相比，优势是什么 • 如何赢得这一领域 • 我们的优势来源是什么

续表

• 它能够提供什么好处 • 为什么目标客户会在意这些好处	

评估能力和竞争环境

客户的难题、你消除的焦虑、你能够提供的价值，有了关于这 3 部分内容的最初的想法后，下一步就是深入了解你自己、传统的竞争者、非传统的竞争者如何试图在域内取得成功。表 3-2 列出了访谈对话中几个非常有用的问题。

表 3-2　域的评估问题 1：区别和优势

竞争	• 这个领域现有的竞争者都有哪些 • 目前，能为客户提供的产品有哪些 • 现有的产品在哪些方面不能满足客户的需求 • 谁有可能成为这个领域未来的新成员，他们能为这个领域带来什么
区别	• 具体来说，在这一领域中，怎样做才能使我们脱颖而出？什么是只有我们可以提供的，而别人做不到 • 同现有的其他方案相比，我们短期能维持的优势是什么 • 从长远来看，我们如何保持同别人的区别，保持优势
能力	• 我们带来的哪些能力和资产对该领域具有价值？哪种能力和资产可以保证我们能够继续进行活动 • 哪种能力和资产是唯一的？为什么我们一直保持胜利 • 我们缺少哪些获胜的必备能力？如何填补这些不足 • 为了探索这一领域，必须克服的内部挑战是什么
风险和未知	• 有助于我们成功的因素有哪些 • 在探索这一领域的过程中，最核心的未知因素是什么 • 为了填补有关主要未知因素的知识缺口，接下来需要哪些步骤

注意未知和风险方面的问题：

未知，是指知识缺口——内部能力大小、技术可用性、从外部获得的知识产权，这些问题可能不清楚。

风险，是你能清楚识别的问题。例如，无法控制的经济冲击，其他可以降低的风险（如对客户接受的可能性方面进行更加深入的研究）。

如果想要在领域内获得成功，就要抛开关注“什么可能失败”这种传统的思路，一定要多想想“什么有助于我们成功”。

通过讨论竞争的本质、优势的来源、现有的及新的能力这三项内容（见表 3-2）来探索域，在该过程中，你可以反复提炼对目标客户和潜在价值主张的最初看法。

理解所在领域的经济物理学

在这个阶段，你需要试图去感觉多大的域才算是大，需要特别强调的是，域是否足够大，是由具体的组织环境决定的。你不需要用任何方式紧盯“准备好审计”的财务，你只需要专注域的经济模型中的物理学原理（收入的重要驱动，发展，成本，利润），了解它总体的市场潜力。表 3-3 提供了几个重要的问题，可以指导你团队的讨论。

表 3-3　域评估问题 2：经济吸引力

我们的经济模型	• 在这个领域中，为了驱动我们的经济价值的增长，我们最有可能用的商业模型是什么？是否有多重模型 • 具体来说，我们如何认识模型中所提供价值的经济租金 • 为了成功实现这一点，我们要做出什么样的假设
市场潜力	• 能够说明这个领域空间很大的证据或案例有哪些 • 我们想要进驻的市场空间有多大 • 如何能够促进市场持续性发展？原因是什么 • 为了客户，也为了我们自己，如何把这个领域的空间拓展得更大，更吸引人 • 我们的潜力有多大？我们观点的根本逻辑是什么

这些关于经济模型和市场潜力的问题以奥斯特瓦德和皮尼厄关于商业模

式概念为基础，可以指导你推进域空间的构架和讨论。我们再三强调，本书中所描述的工具和框架是为了帮助你专注你的学习过程和进行高效地讨论。这不是练习如何填充模板！

变迁图：对创新工作进行清晰的排序

域是特定产品和/或服务概念的组合，每一种都能使相同的客户（消费者）从中受益。当然，同一种组合不可能同时适用于所有的机遇。然而，基于客户接受的相互依赖性、技术升级、既定分销渠道的发展、投资规模这几部分内容，可以将机会按时间顺序进行排序。

在你对变迁顺序进行深入思考时，图 3-2 中的框架会对你有所帮助。

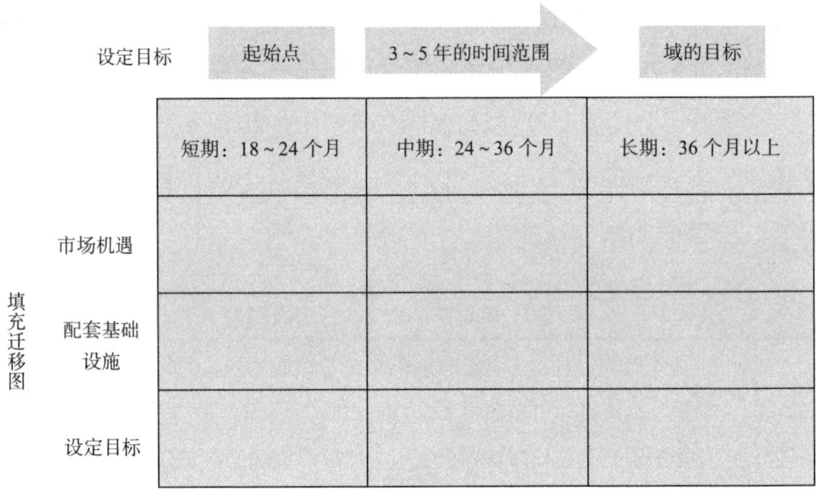

图 3-2　发展迁移图

明确所要实现的目标，然后逆向思维，制定出能够实现此目标的变迁图。图中的时间范围具有辅助说明的作用，以便你更好地理解该变迁路径，并且范围的大小在很大程度上取决于创新目标和公司的运营状况。例如，在能源产业，变迁图的时间范围或许是 10 年甚至是 20 年。在消费产品和高科技行业，时间范围是 3 ~ 5 年。在某些情况下，时间甚至会更短。

有了最初宣布的目标，你应该仔细思考图上每个具体的机会。用来创造域的想法就是你最棒的起点。检查每个机会，考虑它是否：

- 有助于实现现阶段的目标；
- 需要现有的或新的市场渠道；
- 使用现有的技术或需要新的技术；
- 需要伙伴来共同研发产品或将其带入市场；
- 取决于域内另一个首先被商业化的理念。

当对机会的时间序列（先后顺序）有了更清晰的认识时，就可以发现其他可实施的行动，例如：

- 所需的基础支持设施，包括：信息系统，分销渠道的支持，对销售队伍直接/间接的培训。
- 支撑特定理念的技术和能力，以及关于是否依靠新的或现有的内外部技术的观点。

当对“可实施行动”进行识别和迭代时，自己对域的理解也会变得更加成熟。然后可以对变迁图上行动和机会的顺序，以及细节做出适当的修改和调整。你会发现，在讨论中或从最初想法中能够衍生出一些其他的想法。而这些改变是激烈讨论之后很自然的结果，我们应该欣然接受这些改变。

选择早期的机会对机会水平进行详细描述

一旦创建了域，并将抽象的产品或服务理念填入其中，就形成了第一个变迁图的版本。接下来，你应该将注意力集中在一个或多个更早的机遇上，并由此作为起点，将该领域变得更加具体、可行。

用具体的标准对一些机会或可能的行动做出定性的评估如下。

- **客户利益和难题**：借助于机会和行动实现域的核心利益的效果如何？它能在多大程度上解决客户难题或消除重要客户的焦虑？
- **竞争优势**：你为这次机会带来了哪些可持续的竞争优势？例如，可能包括品牌、渠道、客户关系、专利技术等。
- **价值大小**：你认为这次机会有多大价值？通常情况下，你要观察该机会的目标客户如何通过其他方式解决问题并以此为基础，对机会做出评估。
- **时间设置**：需要多久才能进入市场？如何评价时效？
- **方法**：在领域内发展其他的机会是不是合乎逻辑的第一步？在变迁路径中，它是否能为我们提供有价值的知识和经验以赢得另一个更大的机会？先决条件是否合适？这次机会是否依赖于其他的能力或机会？为什么从这一步开始是合理的？
- **成功的障碍**：哪些因素使你止步不前？哪些因素可能使这次机会的实现困难重重？

当然，任何独特的机会都需要进一步的详述和评估。这里的标准可以简单地指导你，依照不同的情况，在众多机会中挑选出率先进行深层次的构建和评估的机会。

使战略重点与创新工作紧密结合：创新体系结构

联合健康集团将“帮助人们以更健康的方式生活”视为其战略目标并以此制定其创新工作的内容。我们在本章开头提到过，你可以用其他的技巧将战略重点与你的创新工作相融合：创新体系结构。这种体系结构借助各种各样的蓝图来指导你的工作。它界定了战略重点的范围并指明组织具有竞争优势的业务范围。

创新体系结构代表了你关于未来独特的设想。对基础性见解和最有(发展)前景的新增长型领域形成统一的观点并将体系结构建立在这种观点上。一个好的体系结构能够含蓄地或明确地指明你所能提供的利益，指出哪些独特的能力、专有技术、资产有利于你进行持续性竞争并一直取得成功。

▶▶▶ 案例

苹果公司

如果仔细观察苹果从推出 iPod 产品到目前产品、服务组合的成功，可以推断出，苹果是在较少的、精选的层面上以独特的方式参与竞争并获得了成功。当然。苹果的很多成功要归因于史蒂夫·乔布斯。他的领导力、激情、巨大的创造力是促使苹果成功的重要原因。然而，具有独特天赋的一个人也无法凭借个人力量造就苹果如今的辉煌。还有一个重要的原因是，苹果公司在其具有竞争优势的几个方面形成了内部共享的、富有激情的观点。乔布斯（初步）形成了这一观点并要求大家都按此标准进行工作。当然，还有其他人也参与了进一步完善和推广这一观点的过程。

“苹果创新”的创新结构体系中有 3 个加强和互补的特征：

（1）苹果坚持掌控每个发展阶段，以此**降低或消除消费者数字生活体验的复杂性**：设计以及软件、硬件、原材料的开发；采购和分销；线上与线下的零售及授权；服务和维修。

在这一方面，苹果是行业中最成功的垂直整合的零售商。从供应链的早期阶段到消费者购买和使用体验，组织的所有活动都是为了一体化。产品的易用性和互操作性为消费者带来简单方便的体验和愉悦的数字生活。

（2）**将关注点集中于理解和提升消费者的数字化生活体验**，并应用在此体验范围内的各自独立的像素级水平上，这样来使得体验得到整体提升。

这种痴迷体现在细微之处，这些细节可以逐渐使所有的苹果设备具有独特的客户体验。价值并不一定体现在某一特性上，而是与它所创造的体验有关。随着时间的推移，这种体验可以通过曝光和提高产品的熟知度而揭示其价值所在。与其他竞争对手提供的体验相比，此体验显得更为自然。

（3）通过生产小批量的产品，使其变得**个性化**。这种小批量产品能够彰显一个人的个性，深层次地满足客户的心愿，而不仅仅是满足“需求或用途”。

苹果因为坚信客户需要外形美观的产品而进行生产。有时我们购买产品是因为我们想要，而不是因为我们需要。因为坚信外形美观的产品的性能更好，性价比更高，所以消费者愿意花较高的价钱购买此种产品。这就是苹果不专注电子表格和企业应用程序创新，而是专注音乐、电影、个人创作的原因。他们打赌，个性化需求将会是一个增长型产业，并且将会由个性化数字设备来满足。在这方面，他们将个性化融入个人电脑中。

对苹果而言，随着时间的推移，在 3 个互补的、相互加强的维度内的一致的、不间断的聚焦可以产生明确的目标，也可以对其工作产生持续的影响。请记住：要进行与众不同的思考。

小结

- 通过构建领域的技巧可以使个人的想法变得更多、更大胆。不管是在你现处的商业范围内，或是接近这个范围，在这个范围外，域都是确认、实施、抓住空白区机遇的好方法。
- 像其他方面的创新一样，划界是一个迭代的、相互作用的学习过程。迭代帮助你完善、阐述你的想法，使你能够很有说服力地阐明这个领域的业务逻辑。
- 拥有一个共同的愿望——他们是机遇、领域、发展行动的总和，领导型组织可以进一步开拓他们的视野。这个概要观点代表了他们的创新体系结构。这是一个能够进行积极管理并持续驱动的明确的、共享的观点。

Chapter 4

第 4 章

从初期创意到商业理念

有了初期创意之后，那么接下来应该怎么做？

如何才能将它转换成能够评估和实施的具体理念？

如何突破发展过程中的种种束缚，使有希望成功的创意得到充分的发展？

如果团队过分专注于技术，如何才能解放他们的思路？

如果团队只注重产品或品牌，如何才能拓宽他们的思路？

假设便利贴上的内容激发了你的灵感，并由此产生了一个不错的创意，那么如何进一步研发此创意呢？你需要以简短理念的形式将其描述出来，并以客户价值主张的角度说明其本质特点。尽管这个新创意的发展前景看似很可观，然而，在确认它能成为促进企业发展的新途径之前，你还有很多工作要做。你需要把创意转化成一个成熟的、高质量的商业理念，也可以把它看作将便利贴上的构思转化为实际可行的、精心审查过并且吸引人的机会。

如何才能突破各种束缚，充分挖掘创意的潜力？你需要避免传统的单一关注点——产品、品牌或技术“是什么”，要将思路拓宽到商业模型元素中的“谁和如何”。你不但需要富有成效地挑战组织和行业的传统智慧，还需要知道如何通过市场验证过的细化商业理念的技巧：延伸、详述（详细描述）、迭代（Stretch, Elaborate, Iterate，SEI），进一步拓宽思路。

在组织中，有些同事能自然而然地将最初的创意转化为令人信服的理念，像大师一般具有非凡的能力。但是，这种“大师模式”无法规模化复制，在这种状况下，组织最终还会陷入困境。所以，你需要寻找一种方法来系统地应对这种挑战，而 SEI 方法恰巧为你提供了这种能力。SEI 方法的应用过程是不断进行发散与汇聚的过程，并且随着时间的推移，这种具有延展性、持久的过程能够产生广泛的影响力。这种创新、规范化的方法能够系统地推动创意向实际行动转变。

改变关于创新流程中的思维定式

如何快速获取具有吸引力的理念？一般可以通过在创新流程初始阶段产生的那些见解来获取具有吸引力的理念。接下来需要应对的挑战是开发一个可行的、吸引人的创新理念。

图 4-1 描述了一个一般性的创新流程。组织机构不同，细节就会有很大的

变动。但是这个一般性的创新流程描述了大家普遍需要关注的关键活动。

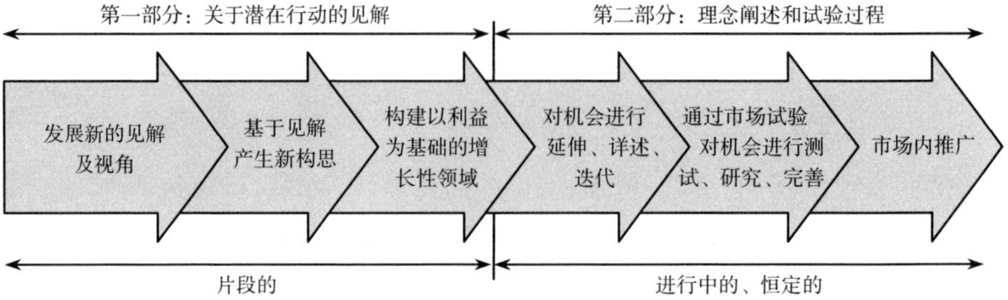

图 4-1　一般性的创新流程

以上过程中的第一部分是好构思的基础：丰富的内外部见解有助于产生具有吸引力的创意，或许这些见解会引导我们走向明显的机会领域（这取决于你的流程及如何运用所采取的步骤）。

第一部分过程的内容是采取片段式的组织活动，用来补充其组织渠道的不足或应对市场发展中的突发状况。如果你现在所处的组织结构与大多数组织结构没有明显的区别，那么在执行图 4-1 中第一部分过程的时候会感觉很困难，充满了挑战。

很多组织机构对第二部分持有不同的看法。一般来说，创新过程的第二部分过程是一个渐进持续性的工作。不管是否要将此创意进行商业化，通过第二部分中多个增强创意一致性的阶段，创意均能得到进一步的发展。很多组织认为他们对于第二部分的经验即使不是特别丰富，至少也算比较充足，因此他们认为第二部分能否成功“仅仅是执行的问题”。以我们的经验来讲，这样的自我评估显然非常不准确。

为什么？让我们先来设定一下背景情况。之前提到，我们认为**创新是将创意成功商业化**。这个定义中有一个很重要的含义：要使创新原则和创新工作贯穿图 4-1 的整个流程。我们经常听到这样的自我评价：“我们不缺创意，只是不知如何有效地将创意推向市场，这只是执行方面的问题。”实际上，这些说法涉及的是图 4-1 的第二阶段，含蓄地表明了“我们知道如何运用普遍的方法执行第二阶段”。

通常我们发现，图 4-1 中第二阶段的不足之处不只是执行的问题。确切地说，我们常常发现，这些理念通过创新流程第二阶段发展，并没有充分地挖掘出组织的潜力。最根本的原因与以下几部分内容有关：

（1）团队经过流程的第二阶段将概念进行商业化后，概念的独特性就被冲淡了。妥协之后，客户价值主张（CVP）的最初的独特性也会随之减弱。

（2）通常大家只关注“什么样”的产品或服务，而没有以同等关注度去探索“谁以及如何”。所以团队未能充分发掘可能的商业模式的所有方面。

（3）理念更适合试验而不是全面推出新产品。

（4）团队并没有继续对概念进行延伸、详述、迭代，而是隐含地假设：在创新工作第一阶段中理念发展的阶段，已经获得了所有必要的信息。

我们相信，一个好的创新流程一定包含了从洞察力到实现市场化所有方面的创新。这也是实现“将创意成功商业化”的最佳路径。

SEI 方法

如果要使最初的创意能够成为独特的理念，成功实现商业化，那么在其逐渐完善的过程中，要保住其内在的本质。仅仅接受这个理念，用“假设”存在的商业模式或方法实施此创意是远远不够的。你必须通过规律性、结构化的思维过程来延伸、详述、迭代此创意，以便让我们对这个商业理念的内容、创建者、创建过程有充分的了解。正是这个微妙的规律，将创意转化为真正的产品、企业或商业机会，而不使其中途夭折或丧失其最初的形态和固有的创新。

巩固 SEI 方法，就要将以下原则作为工作的首选和中心。

- **阐述商业理念的所有元素。**除了产品、技术和品牌“是什么”，你也应该关注：“谁”是受益者、目标客户，“如何”进入市场、获取价值、提升防卫能力。详细阐述商业理念中的所有元素，可以有效地拓宽创新的途径。
- **从 CVP 开始详细阐述**。记住：如果没有吸引人的客户价值主张，就没有机会。因此，首先详细描述 CVP，接下来是技术、市场路径、商业模型中的其他元素等。
- **从迭代过程中发现被详细描述的关键假设**。追踪这些假设，这样你就可以优先考虑并且主动控制后期的风险（或未知因素）。
- **迭代和完善**。只有先构建出商业理念的框架，才能准确无误地进行接下来的工作。通常，当详细描述商业理念中的某些元素时，你也会重新考虑并完善其他元素。不断重复地进行详细描述可以确保你能够以系统化的方式进行思考。

记住这些原则，我们将选择几个运用 SEI 的技巧进行讲解，你和组织可以学习、应用、反复使用这些技巧。从执行过程中，我们就能总结出，这些技巧在什么情况下能发挥出最大的作用。

开发客户价值主张

首先，我们对机会最重要的一个方面进行详细的说明：了解你的机会能够为客户带来的价值。图 4-2 描述了一些技巧和思维过程，可以用来延伸、详述、迭代某个特定理念的客户（消费者）价值主张。

请注意，这个结构图中的每个问题都要求你从不同的角度思考能为客户提供的潜在价值。这样做的目的是，先指导大家对每个部分进行分解，然后将所有有关客户利益的观点重新整合起来，形成一套完整的观点。

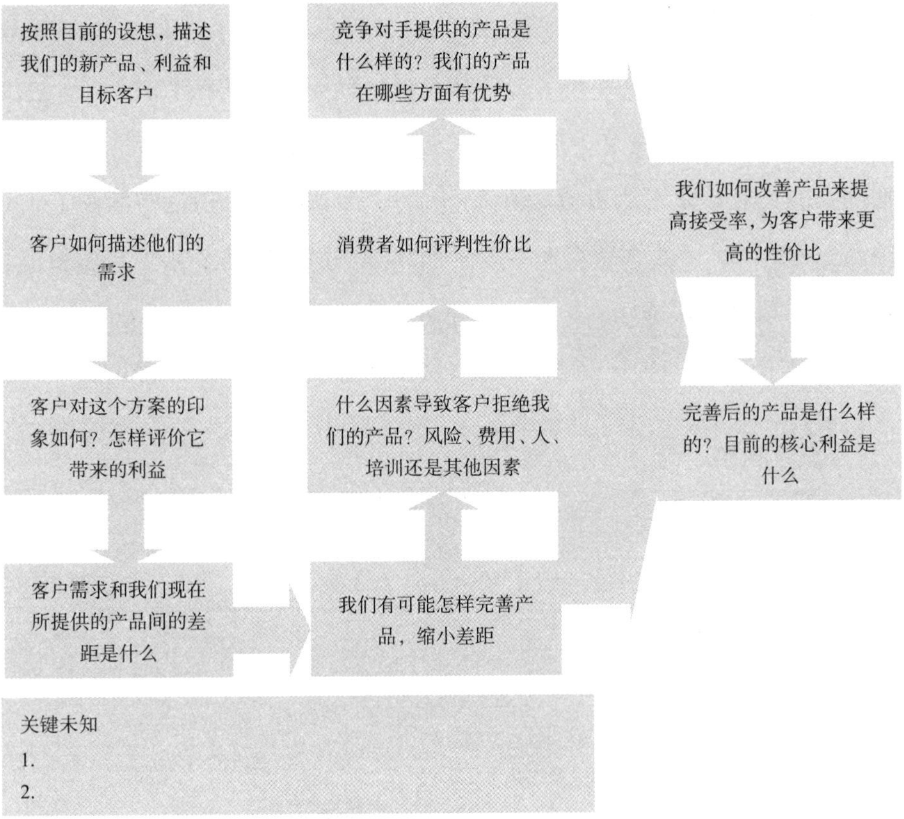

图 4-2　分解与重组价值主张

这种框架可以引导你从众多不同的角度探讨利益，帮助你获得更吸引人的收益。通过分解与重组过程中的讨论，从一开始你就更有可能创造出经过扩展和改进并且更易通过审核的主张。

当然，该方法还有其他优势：

- 通过思考“如何使这个理念优于当前理念”，从本质上挑战了传统观念。
- 使你和同事在探讨问题的过程中对 CVP 和产品进行迭代。
- 可以帮助你找出理论中起支撑作用的核心假设，使你能够明确地对这些假设进行测试和验证。

拓展一个新兴的概念

有时，当团队认为某项技术或功能是这个新兴理念的核心时，就会过度痴迷于此技术或功能。但是这个被认为有内在价值的技术或功能却阻碍了他们清晰地阐明能为客户带来的价值。结果，机会可能就这样从指缝中溜走了。更糟糕的是，这种现象可能在渠道发展的早期和中期阶段持续了几个月或更久，团队才会意识到他们的错误。

在这种情况下，图 4-3 所展现的简单框架能够有效拓展团队的思维。

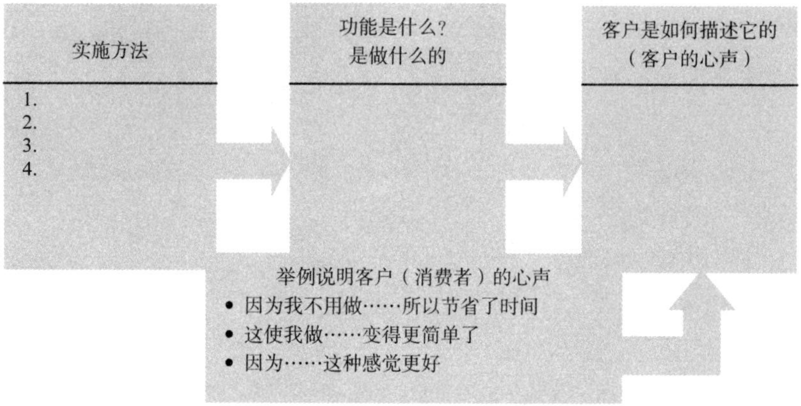

图 4-3　拓展思维简单框架

这个方法非常简单明了。

首先，关注你认为极具价值的方法。问问自己：这个方法能解决什么问题？它能提供什么功能？

其次，思考：为什么消费者或客户会关注它？他们是如何评价这个价值的？请注意这个理念“卡壳”的原因不是执行的问题，也不是因为没有进行商业化。而是理念中客户的利益和客户价值主张不够明确。

图 4-3 中简单的流程通过引导你关注客户可能关心的技巧方面的问题来发散你的思维。这样，你就可以将关注点从技术层面转向客户层面，从而继续阐述你的理念中商业模型的元素。

开发支持性商业模型

一旦对我们能为客户提供的价值和收益有了清晰的认知，就可以将注意力转移到商业模式的其他元素上。

图 4-4 所示中的框架结构可以指导你和团队反复地讨论初期理念的可能商业模型，并且迫使你以另一种方式思考问题，这样你的理念才会与目前的选择和经验有所不同。另外，这个框架结构通过促使你讨论成功商业化所需要的具体能力，还进一步阐明了理念的可操作性。它也有助于你明白对哪些未知需要进一步加强学习以及哪些对于成功起基础性作用的假设需要在市场中进行试验。

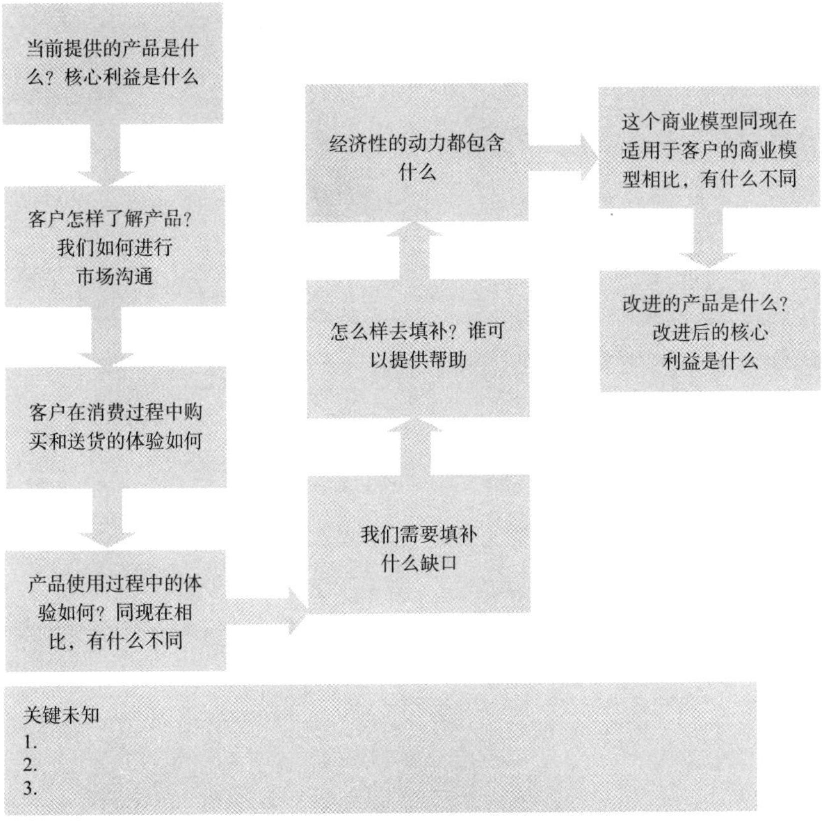

图 4-4 初期理念讨论

商业模型迭代：绘儿乐

为了使上述过程更加形象、具体，我们再次以绘儿乐为例。想象一下，你怎样回答关于绘儿乐神采系列（Color Wonder）的商业模型细化的问题。绘儿乐在1999年推出了神采系列，该产品针对幼儿随意乱画的现象，提供了“无糟乱”解决方案，即只有当着色书和画笔一起使用时，才能产生颜色。这种方式解决了无人照看的孩子在墙上、桌子上和其他需要保持清洁干净的地方随意绘画的难题。这一系列产品为公司带来了新的利益，同时又可以让孩子们无拘无束地绘画，为客户带来了无限的惊奇和喜悦。

首次引进神采系列之前，绘儿乐公司近几十年一直通过零售商经营16色、32色、64色高质量的蜡笔业务。他们的蜡笔和画笔可以被用于任何着色书或纸张。通过着色书和画笔相互依存的这种新的销售模式，神采系列的新理念为客户提供了新的便利之处：没有限制。正是由于新产品的优势和解决方案如此与众不同，使得商业模型下的问题也变得不同。这样，绘儿乐的团队可能会面临这样的问题：

- 整体商业模型是什么样的？
- 是否应该将着色书和画笔进行“捆绑式”销售？还是继续分开销售？
- 进入市场的最佳渠道是什么？我们是否打算用所有的渠道来销售这种着色书？我们应该创造出一种开放式的“系统”还是专有的“系统”？
- 当孩子完成手头的着色书时，他们会怎么做？他们会买一套新的“组合包”还是再买一本新的着色书？
- 价格怎么样？神采系列的理念展现出的独特的、吸引人的价值主张，其价值是什么？市场营销和沟通怎么样？在零售店，我们如何介绍这个新产品及其优点？鉴于本产品不同于 32 色蜡笔盒，零售商应该怎样突出这些不同之处？

可以这样认为：如果是真正的创新，那么这个商业理念的各个方面及其包含的要素，对于公司、行业乃至世界来说，都应该是全新的。因此，需要以结构化、规律化的方式运用新的、迭代的思维。不断强化商业模型中的“谁，什么，怎么做”等元素以得到最优化的商业模型，这种迭代的、拓展性的思维过程可以有效地帮助你在该商业模型内获得具有差异性的价值主张。

通过“室内”和“室外”的探索，继续学习

并不是所有的新学习都来自工具和结构框架。我们认为创新工作是将新学习转化为创新行为。

本书反复提到，我们所分享的框架仅仅是帮助你讨论和学习的脚手架。你需要走出会议室，走进市场，用实践来填补这些知识缺口，了解新的类似对象，形成新的视角。其实，创新团队在创新工作的第一阶段（视角和构思）就非常明白这一点了。然而，当进行到第二阶段的时候，他们常常未能继续学习。这时，他们也就无法使用 SEI 方法——延伸、详述、迭代。

要想成功，必须在从头到尾的整个流程中，不断构建新观点、集成新知识。“室内”和“室外”的混合探索是促进这种学习的最好办法，使得组织机构能够创建真正全新的观点、商业理念、商业模型，使得这些模型和理念具有广阔的、创新的逻辑，以及实现成功而必须不断追求的黏性。

使用类似对象延伸商业理念

即使在你探索了客户价值主张和交付商业模型（包括“室内”和“室外”）之后，如果想进一步扩展此模型，仍然是可以做到的。尽管有许多其他的技术

可用，但是我们发现使用类似物可以快速帮你延伸、详述和进一步迭代。下面这个框架（见图 4-5）可以让你从多个角度研究理念，包括竞争的基础、内外部相关见解的结合、未知以及关键假设，帮助你以不同组织的思维方式思考以下几个问题。

- 如果 X 公司和 Y 公司都打算实施这个创意，怎么办？他们会怎么做？做法有什么不同？他们会对机会进行怎样的扩展？他们将会开展怎样的新模式？
- 他们如何与市场进行交流？他们怎样推销产品？
- 他们如何给产品定价？为什么？
- 关于经济性动力（和提取经济租金），他们是如何以不同的方式进行思考的？
- 在这些创意和知识中，有哪些是可以应用到我们的理念中的？如何应用？

注意以下几个事项，能帮助你从这个框架中受益。

- 当考虑非传统竞争者时，想一下你所在的市场空间及自身对该市场空间的界定。再次以绘儿乐为例，如果公司想拓展一个理念，他们或许会考虑有意在有限的市场空间内与他们争夺妈妈和孩子的时间、注意力及钱包份额的那些公司。在这个广泛的框架下，绘儿乐也与游戏制造商、玩具制造商和电影制造商竞争。
- 要清楚地认识到，自己面临的竞争对手不只有同行，也包括其他非直接竞争者，这些非传统的竞争者可能为消费者提供与你类似的服务。只有明白这一点，才能丰富自己的见解。

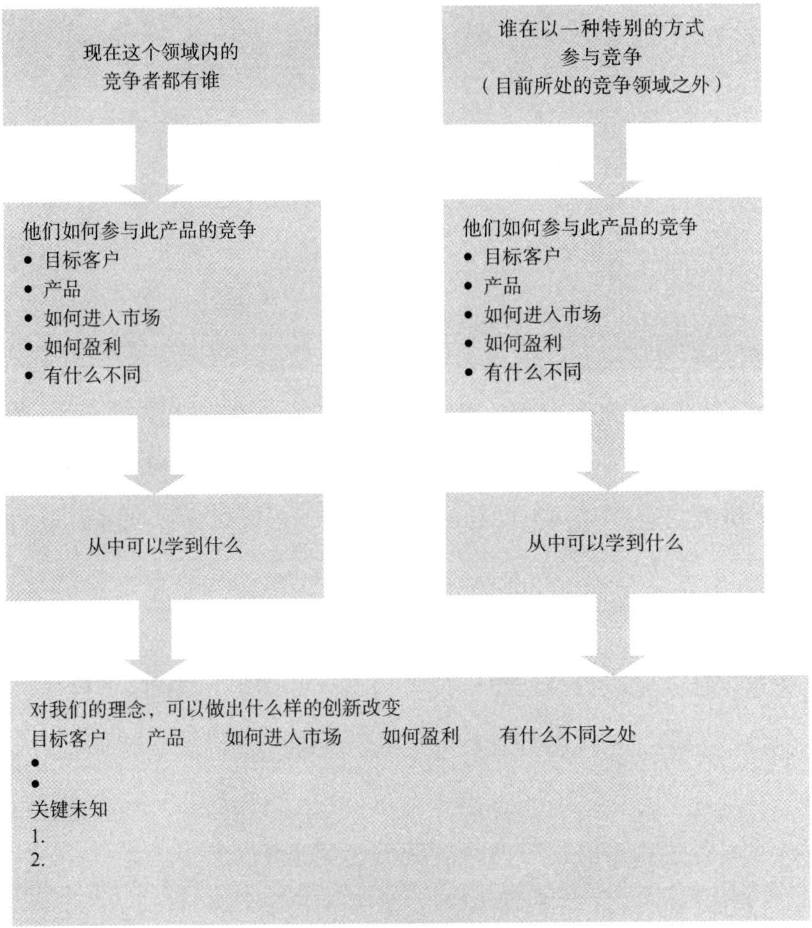

图 4-5 不同组织的思维方式

- 当你在思考“行业外”的公司时，最好考虑那些做法较为别致，同时某些具体情况又与你相似的公司。但是不管你选择使用的类似对象是什么，都要确定你产生的思想和你的内容相关。不要刻意效仿该组织采取的行动，而应该考虑如何在组织的优势、需要和倾向的条件下，运用类似物的思维方式设计理念，并实施。
- “室内”和“室外”的学习理念在这里同样适用。如果你不是很了解类似物如何在市场上运作或发挥作用，就应该在应用 SEI 方法之前，利用各种机会去了解未知信息。这样做的好处是将准确的信息和更多新知识融入创新成果，只有这样，SEI 方法才能最大限度地发挥其效用。

构造且详细描述经济模型

我们建议，你把思考新理念中完整经济模型作为详细描述这个过程中的最后一步。通常，团队对目标客户、要解决的客户难题、可能进入市场的路径、区别和优势的来源并没有一个清楚的了解，就开始（或被要求开始）对既定理念的经济模型进行详细的描述。如果能够先对理念进行延伸、详述、迭代，你就能够找到最好的方式，并使理念以这种方式帮助你创造价值、获取价值。可能这样，你就可以避免犯一些低级的错误，比如在后期构建经济模型的时候用了“过时的”、传统的交付模型或理念。图 4-6 所示的框架和思考过程有助你进行这种探索。

尽管这个框架是以设计和量化机会为特点的，但是它的核心目标是构建并拓展此模型的经济物理学原理。也就是说，明确（创始者）的收入、成本和利润。

在这个讨论过程中有以下两个同等重要的步骤。

- **对这个经济模型的物理学原理思考并详细说明。**这个经济模型是怎样运作的？使我们成功的基本信念和观点是什么？其中，我们最确定的是什么？最不确定的是什么？哪些关键内容应该进一步去调查研究？这个思考过程和新的学习是如何改变、拓宽我们关于这个机会经济推动力的观点的？
- **关注数据，构建商业案例。**

注意：这个框架更注重这两个步骤中的第一个。组织知道如何构建商业案例。这个框架侧重于整个过程中经济逻辑的部分。

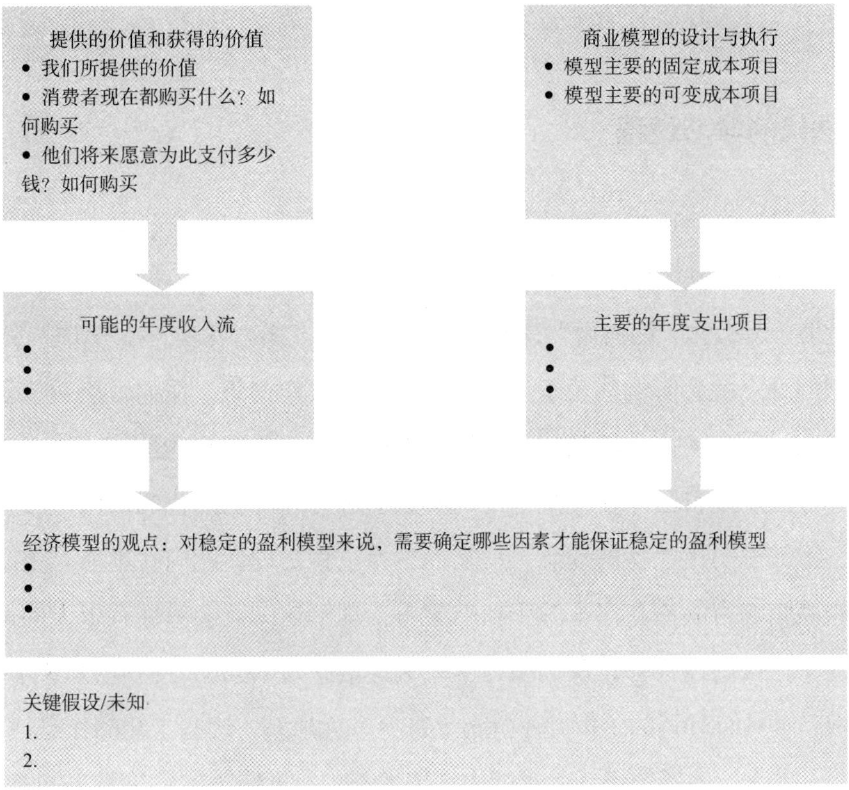

图 4-6　构造经济模型框架和思考过程

还要注意：这个框架并不始于一个默认假设，即组织当前的商业模型和经济引擎正好与理念相吻合。正如我们前面提到的，如果你是从默认假设开始的，那么，习惯的力量将会带领你走向典型的商业执行的方向，将你所认为的新的、不同的业务带到“司空见惯”的业务层面上。这个由两部分构成的思考过程通过避免使用上述的默认假设（当前的经济引擎正好与理念相吻合），反映了自身的独特性。

其他的框架也可以借助 SEI 方法帮助你构建商业理念：通过更多客户（消费者）需求的应用进行延伸；形成与整个客户体验有关的理念；等等。我们之所以分享 SEI 方法，是因为它能在大多数商业理念的构建过程中给予帮助。当然，除了 SEI 方法，还有适合特定情况的其他方法。

应用迭代的学习过程

创新是一个不断学习的过程，这个过程并不局限于某一空间，某一工具集，或某一特定的方法。当你用新的商业理念进行思考的时候，通常发现需要重新对“是谁、怎么样、如何做”这些元素进行思考。还会发现，经济学中一个略有差别的观点就会影响你关于如何进入市场的最初构想。例如，当对“是谁”及“怎么样”有了更加清楚的认识后，你就会去完善客户的价值主张。

你应该发现自己是在一个给定的框架下进行理念的迭代的，并且在这个框架下，详细说明你独特的理念。反复的学习过程是创新的内在本质。很明显，具有较高影响力的创新多来源于新的学习。理解这一点会对你有很大的帮助。

这个迭代的过程会让我们明白哪些关键信息是未知的，这些信息关乎机会的成败，而我们对其的了解并不充分，甚至一无所知。这些未知的信息通常是与客户、需求、市场渠道、运营能力、技术差距、不熟悉的竞争对手和竞争反应能力相关的细节。

这些未知代表着不确定性和风险。要思考如何管理和降低风险，而不是在风险下运营。通过试验和迭代，实现降低风险、管理风险的目的，这门学问在创新领域经常用到，并且应该被掌握。在第 6 章，我们将会更加详细地阐述这个问题，分享一些其他框架和例子。

不要想当然地对机会进行阐述和限制

当按照自身的理解，想当然地执行创新过程中第二阶段的活动时，理念就已经失去了创新意义。为什么？因为如果你的目标是超越这个差距，那么你在创新过程的第二阶段应同在第一阶段一样，不断学习新的知识，继续推进、完善你的理念，才能获得成功。但通常组织进行创新工作第二阶段时，他们不使用 SEI 方法。

你可以在不同的情况和环境下应用第二阶段中的方法。可能经常遇到以下几种情况。

- **周而复始的创新过程。**你可以将形成的各种见解转化成一个创意集或是一些增长型领域。然后你需要选出那些成熟的想法，在流程后半部分采用合理的技巧不断地学习和完善理念，并将它们引入实施阶段。
- **“标准过程”之外出现的机会。**通常，一个创意或新兴的理念不是来源于标准的创新过程，而是在不经意间从其他来源或过程中总结出来的。不管这些创意出自哪里，这些完全模块化的方法都能对其发挥作用。
- **要将有发展前景的创意从现实束缚中解脱出来，使其得到进一步发展。**或许，你认为自己最初的理念是一块钻石，只是未经雕琢，组织中的其他人不能意识到它的价值。在这种情况下，SEI 方法就是一个很有效的方法。你可以用这些方法来拓宽、重新构建这个创意，使其变得更加具有吸引力。
- **产品、品牌或技术短视（technology myopia）。**有时你或许会感觉团队太过于关注一个因素：某个创意中的特定产品的表现不够吸引人，无法继续推进；或者，一项技术、一个基于品牌的创意不足以构成可商业化的理念。当一个想法或特殊的概念真的需要加入更多的创新“元素”的时候，创新过程第二阶段中的方法可以帮你摆脱以上这些困境。

如果相信速度对于市场而言是至关重要的，那么请快速跟进机会

SEI 方法可以帮助你快速发展。具体来说，如果你的产品或服务理念必须在有限的时间内进入市场，那么集中应用这些方法可以帮助你快速发展，也可

以消除当前机会发展过程中的阻碍，使机会得到充分的发展。因为这些方法也需要大量的资源才能发挥作用，所以并不一定适用于所有的机会。但是对于那些能够获得足够的关注度和资源机会来说，这些方法可以有效地帮助你提高速度。

当一个经营消费性商品的组织有一个非凡的机会需要得到快速关注且需要利用非标准的程序加以说明时，可以按照图 4-7 所示的案例执行。

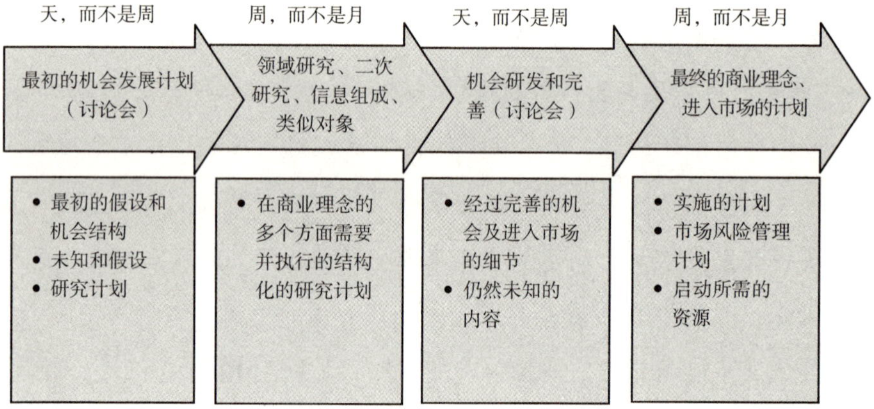

图 4-7 快速追踪优先的商业机会以进入市场

图 4-7 所示过程表明：这个方法需要资源、集中的时间、平行地对商业理念的各个方面进行学习（而不是按时间依次进行）。图中标记了两个“讨论会”，它表示在会议中搜寻、讨论市场中学到的知识，并且利用一些方法对理念进行改善。包括：

- 预先就整个商业理念的主要部分阐述你的假说。
- 用这些假说阐明你的关键假设和未知，并且通过学习填补这些知识的空白。
- 设计和管理并行的学习过程，缩小关于客户、竞争对手、技术、理念中经济驱动因素的知识缺口。

为了将新知识与商业理念的实践真正融合到一起，你应该在“平行学习过程中”尽可能早地利用合适的见解和资源，并确保使用平行的学习过程和基于实践的研讨会来加速商业理念的发展周期。

小结

- 在创新过程的第二阶段牢记 SEI 方法：延伸、详述、迭代。认识到成功的后端创新（创新过程的第二阶段）需要的不仅仅是通过前端方法创造的新想法。成功要求你通过创新过程中后端的每一步，将最初的新想法转化成可评估的、可操作的商业理念。这是创新工作和创新流程最关键部分，但是人们却常常想当然地按照自己的想法进行这一部分的工作。
- 从收益开始。创新后端过程的第一步应该是分解和延伸收益和价值主张。你想要确定目前交付的收益和价值，对当前的选择来说是明确的、特别的。
- 当你探索创建不同的、有区别的高价值理念的时候，需要考虑商业模型的所有方面：是谁、怎么样、如何做。不要认为组织目前的商业模式是最适合这个新理念的。相反，需要从客户见解和客户价值主张开始，做好市场反馈工作。
- 通过两个步骤的过程，形成一个关于经济模型的强有力的观点：首先开发物理模型（驱动者的收入、成本、利润），然后运行数据。运行当前的商业项目会导致与现存的模型相违背，那么能否提供良好的机会就不可知了。
- 对于要优先发展、有较高潜力的、需要快速进入市场的机会来说，SEI 方法的快速应用是加快其发展的一种强有力的方式。

Chapter 5

第 5 章

推动快速创新

在下一年里，我需要扩充渠道，获得能够快速进入市场的新理念。

我想在即将到来的会议上或计划周期内注入更多的创新和创新思维。

我需要创新，但是缺乏资源。

我需要从尽可能多的地方和人那里得到“快速”创新（即使是小型的创新）。

我想利用内外部资源进行创新——不仅是内部资源。

我们生活在日新月异的时代。在组织机构里，外部的变化速度与你的创新工作有什么样的关系呢？有很多。你肯定会感叹外部变化的速度对组织的各个方面都给予了时间压力，当然也包括创新工作方面。残酷的现实是，不管年度计划中是否需要，为了应对意料之外的竞争性活动，又或者因为新领导人制订了紧急计划，我们常常被迫要进行快速创新。

在理想状态下，我们会有充足的时间来开发基础性洞察力，然后进行划界或技术创新体系结构的创建。作为引领性的实践，这样做毫无疑问。如果你能保持基本洞察力的新鲜度并且能够在选定的域中对其进行管理和变迁，那么你就可以在严格进行创新工作的同时摆正自己的位置，实现快速发展。

当然，我们不是生活在理想的状态下。或许，现实中的组织不能一直保持基本洞察力的新鲜度，或者我们根本就没有一个丰富的基本洞察力。没有组织的支持，就无法在空间和时间两个维度上发展域。通常在这种情况下，我们需要一些特别的方法帮助我们实现组织的快速发展。我们需要清楚地明白在快速发展过程中的妥协，确定与我们的关键利益相关者能够在什么可以快速交付、什么不能快速交付上达成共识。

通过集中的创新挑战，参与组织活动

美国特种作战司令部的快速创新

在我们所知的快速创新的例子当中，最有趣的例子之一当属美国特种作战司令部（U.S. Special Operations Command，USSOC）的采购功能（procurement function）。特种作战研究、开发、收购中心（Special Operations Research, Development, & Acquisition Centre，SORDAC）的职责是为美国特种作战部队提供“快速、集中的采购、技术和后勤保障”。SORDAC 采购执行官始终坚持要求部门按照其内部客户的敏捷、精益的方式进行行动。其内部客户——这个领域的特种作战部队，在行动时具有严格的约束条件，通常无“大型组织”，而是以小组为单位工作。

在许多情况下，SORDAC 需要尽快创造出领域中尚未存在的必备设备，以满足客户的需求。所以戈伊茨利用这些需求漏洞来激发创新的灵感。

当快速创新时，组织按照名为“指挥官的意图”的单页文件对“客户需求”做出回应，这个文件详细描述了特定的目标，以及实现这个目标的现实约束条件。这些约束展现了目标的实施环境和时间的紧张程度。在一次行动中，SORDAC 在 3 个月内（而不是 3 年）用标准成本的 1/6 完成了对作战飞机的改进。下面是快速创新的其他例子：

- HI-BEAM 项目，针对美国航空在单独巡逻的时候使用的专业照明设备，给地面上的合作伙伴发送信号，以避免友军不必要的伤亡。部门利用现有的技术在 17 天内成功制造出如图 5-1 所示的样机雏形，并且样机在 50 天内获得了初次使用。

图 5-1　专业照明设备样机雏形

- 移动技术和维修中心（Mobile Technology and Repair Center，MTRC）可以在现场实现设备和材料的开发、修改、调整和维修，使其能够保持或加强特种作战部队（Special Operations Forces，SOF）的能力，其中包括特种作战部队在前方作战基地处理民政事务（Civil Affairs）的能力（见图 5-2）。移动技术和维修中心的工具间、车辆维修中心、交流中心、微动力装置、太阳能电池板、风力发电机阵列，这些模块可以单独部署，也可以作为一个整体性的独立系统。

图 5-2 移动技术和维修中心

- 除了这些例子，在 SORDAC 中还有许多其他快速创新的成果。作为衡量成功的一个指标，SORDAC 的人员约占美国国防部（Department of Defense，DOD）采购人员的 0.025%，但是在近 5 年内，他们却包揽了近 25%的 DOD 级别的相关奖项。

SORDAC 通过流程和文化进行快速创新。被称为“疯狂 8”的跨职能、跨阶层的团队有这样的一个官方特许：打破现有的组织结构，重新建立一个在执行力方面有跳跃式提升的组织机构。这个团队学习了苹果平板电脑的零售模式，开始发起了每月一次的“创意栏”活动。如果希望将自己的创意变为现实，就可以将其写在创意栏中。“疯狂 8”的目标是，帮助形成完整思路，以便快速判断创意的可行性。

SORDAC 的领导层也需要依靠有活力的团队才能充分发挥其顾问的作用，积极地挑战组织的核心操作过程。

在 SORDAC 内部，领导层使创新以一种与目标相吻合的方式，同组织的文化一起发挥作用。在 SORDAC 的办公区内，悬挂着一架老式的飞机，在飞机的面板上陈列着很多成功实施的“官僚主义的克星”(bureaucracy buster)的奖项，这些奖项时刻警示着员工。当然，这种激励策略起源于一个将名字和成就刻在战斗机上的飞行员的个性化实践。

协作理念的管理：联合健康集团

自 2010 年以来，联合健康集团的创新领导人和他们的同事一直在集中进行创新挑战。在众多进行创新挑战并取得一定成就的组织中，联合健康集团的经验具有典型性，能够帮助领导者在组织内或整个企业内有效地获取创意。

创新部副总裁布兰登·罗贝里（Brandon Rowberry）引领着联合健康集团的创新工作并且不断完善公司“专注创新挑战”的方法。最近，布兰登和首席执行官史蒂芬·赫尔姆斯利（Stephen Helmsley）及同事格雷格·希克斯（Greg Hicks）、托德·尼尔森（Todd Nielson）组成一个团队，收集组织内任何人关于以下 4 个具体战略领域的想法：

- 如何使客户对我们品牌、产品及服务产生“黏性”？
- 在我们目前以低成本价格提供的产品、服务、信息及客户关怀中，哪些能够免费（或接近免费）提供，以此让我们的主要利益相关者看到价值所在？
- 我们该如何为医师研究室重建支持性的技术，同时能够最大限度地减少管理费用及成本开支？
- 我们如何推动已经形成的创新观念更加快速、深入地发展？

探究人们对 4 个挑战的回应有以下两个作用：首先，最明显的是，这个挑战对大家提供创意的类型做了明确的界定。其次，通过设计这个挑战领域，联合健康集团的首席执行官将企业战略问题以问卷的形式展现在员工面前，使组织中甚至初级职工都有机会为公司的战略发展做出贡献。

整个流程相对来说比较简单，以“提出的创意”作为起始，整合了虚拟和实体干预手段，以及以头脑风暴为手段的博弈过程，并对少数最有前途的想法给予实际支持。图 5-3 形象地描述了这一过程。

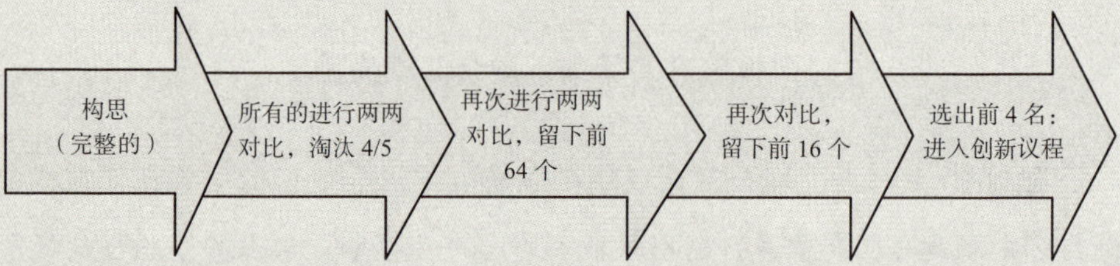

图 5-3　联合健康集团创新挑战过程

在以上步骤中，很多起支撑作用的细节可以使流程更加生动。在前 3 周，鼓励所有的员工递交他们的创意。之后，同事们对这些创意进行评论，表达自己的喜好程度。在此基础上，这些创意的提出者可以对他们的创意进行修改、完善。

3 周后，任何员工都可以通过联合健康集团创意管理系统自动生成的两两对比系统，对创意进行投票。这种两两比较的方法确保了所有的创意都受到公正的评估：先是将所有的创意筛减到 64 个，然后再次利用两两对比投票，将数量缩减到 16 个。当然，所有的投票都是公平进行的，不受员工职位高低的影响。

胜出的前 16 个创意代表了每个挑战中的四种想法，被选入接下来的创意试验阶段。由联合健康集团内部专家领导的长达两天的会谈，可以帮助创意创始人借助公司内部的试验工具和框架结构，对自己的创意进行延伸和详细的描述。当时，具有很强的能力和非凡激情的上百名志愿者参与了这个创新团队，在为期两天的部分创意试验中扮演着创新教练的角色。

在创意试验阶段，联合健康集团重点关注各创意的客户价值主张、设计思维、潜在竞争优势的明确陈述。在为期两天的会议中，联合健康集团的创新团队会在适当的时候邀请一些其他的内部专家，请他们给出自己的意见和建议。这样，团队就能从公司内最好的创意中受益。可以快速推断出，试验的核心行为目标就是协作。

这 16 个创意在联合健康集团一年一度的创新日上有着十分重要的地位。这个创新日由非正式的早餐会作为一天的开始，由 16 个创意团队、创新领导、联合健康集团的首席执行官和领导团队共同参加。在这一天，创意将以展会的形式进行展览，每个创意都有由各自团队掌控的展台。团队间可以互相讨论，展示自己的创意。每位高级主管都会参加这次会议。

每位创意的创始人都可以借助时限为 3 分钟的激情演讲向大家展示自己的创意。在演讲中一定要对创新理念中以下几部分内容给予说明：

- 客户目标和解决的难题。
- 价值主张。
- 联合健康集团取得成功的理由是什么？其优势是什么？
- 对如何获取收益、成本构成、对最终利润的粗略估计这几方面，以较高的水平进行描述。

根据出席者的投票，从四类创意中选出每一类中的优胜者。此外，剩余 12 个创意中的一部分会被“拉”入一个业务单元进行进一步的阐述。从这个意义上讲，会议上的每个创意得到进一步发展的概率都很高。

一般来说，投票人会依据以下几个标准对创意评估且根据评估结果进行投票：

- 对医疗保健系统产生积极影响的可能程度；
- 可能的消费者影响力；
- 是否可以使团队创造性地应对核心创新挑战，并且提供一个可行的解决方案。

如你所见，联合健康集团不会使评估过于复杂化。相反，他们会用一些定性指标指导决策者之间的讨论。

联合健康集团在其创新挑战过程中应用的方法反映了他们隐含的设计原则。这些设计原则能够从头至尾对过程的构造、管理方面给予指导。设计原则如下：

- 构造具有开放性与包容性的流程；
- 从重要战略或经营方面的挑战上着眼，构造构思；
- 将想法提交的时间控制在很短的期限内，如这个案例中的期限是 3 周；
- 在这个过程中增添一点乐趣，使整件事情变得具有吸引力；
- 将市场机制引入创意的筛选中；
- 用其他的工具和亲身实践对一些具有发展前景的构思进行指导；
- 在组织内部，通过鼓励适当的合作提升理念，推动理念的发展。

联合健康集团的使命是，“帮助人们以更健康的方式生活；使医疗系统能更好地为每个人服务”。从执行领导的角度来看，创新过程中文化上的积极影响也是完成公司使命的方法之一。事实上，这个过程呈现出的思维方式的改变和文化的变化至少同创新成果一样重要。

通过这些组织活动，联合健康集团推出了很多更具价值的创意。此外，联合健康集团在其发展的早期阶段，通过上文所讲述的过程及通过更加谨慎地构建具有变革性的创新活动，也创造出了一些很大胆的理念，并且这些理念正通过公司的发展平台发挥着他们的作用。如果没有对最后胜出的 16 个创意进行两天的详细研讨，这些从挑战中脱颖而出的、大范围的、大胆的理念也无法拥有现在这样的成就。联合健康集团的创新领导者明白，要想提高突破式创意的可行性，他们需要为这些创意的创始人提供非常密集的手把手的指导，增加组织活动，即试验。

通常，一个“创新挑战”会产生一些渐进式的创意。渐进式创新并不一定是件坏事。举例来说，葡萄牙电信（Portuguese Telecom ，PT）对他们的创新过程建立在渐进式创意的基础上非常自豪,而这些创意是员工不断完善流程和服务的结果。公司内部超过 2/3 的员工都参与了这个创新过程。

石油巨头壳牌石油（Shell Oil）也非常重视合作与开放，认识到每位员工的创新能力都可以改变公司的日常工作模式。公司按照一位泰国的同事提出的想法，将销售容量为 1 升、单容器的摩托车润滑油转为销售容量为 0.75 升、双容器的摩托车润滑油，将润滑剂的市场份额提升了 80%。这个简单的洞察力就是，使容器的容量与摩托车需要的容量相匹配。毕竟，这就是消费者真正的需求。

联合健康集团、壳牌、葡萄牙电信用不同的方法实现了他们各自不同的目标，同时也都实现了快速创新。对联合健康集团而言，一个明确的战略焦点及较大力度的支持，就可以产生一个有较大影响力的创意。对葡萄牙电信而言，一个能够给予员工充分自由的、严谨的流程就会取得良好的效果。壳牌的方法仅仅使其得到一些提升，但其中某些提升却对公司有着实质性的影响。

爱立信协作理念的管理

很多公司都使用“前线创新”来吸收组织内外部、由不同人提出的创意，爱立信就是其中的一个。负责新业务发展和创新方面的执行官马格努斯·卡尔松（Magnus Karlsson）报告称，被称作“灵感盒子”（Ideaboxes™）的合作方法在组织之间属于非常独特的部署方式。从这个项目实施以来，大约 2.5 万名客户提出了 3.5 万个创意，而员工们对这些创意进行了超过 7 万次的评论。每 30 个创意中，就会有一个创意能够得到进一步的发展。爱立信的系统是一个自我进行组织、将责任下放到个人、发展迅速、依靠需求拉动的系统。

“灵感盒子”流程中最核心的部分是自我组织，它确保了创意的需求和供给都有助于组织获得进一步发展。其中的需求由发起者设定，我们称为“盒子管理者”。由每个职能部门决定是否需要设置一个“灵感盒子”，任命一位小组管理者，并开始收集创意。在任何给定的时间里，公司里各个职能部门、区域和业务单元，随时随地都有多样的灵感小组活跃在系统中。一旦这个过程出现了新的方案，创新管理者（灵感盒子的管理人）就会对这个创意从形成理念到执行进行全方位的管理。

在企业层面，马格努斯和他的团队用聚焦于战略挑战的“灵感盒子”来应对战略创新，而“灵感盒子”是由他们实质上就需要的突破式创意组成的。这个团队经常开会讨论近期提交上来的创意，并且他们有一个专门的预算，可以为这些创意的早期探索提供资金支持。马格努斯团队、首席执行官及他们的领导小组每个月至少开一次会，讨论一个创意的发展进程或分享一个新的提议。

爱立信“灵感盒子”成功的关键就是要保证以下 3 种重要角色的正常运作。

- 组织内各部门的员工都可以递交创意。每个灵感小组的管理者对创意的提出者给予单独的提示，帮助员工更清晰地构建创意。例如，你能解决的问题是什么？你提出的方案是如何帮助客户解决难题的？其中还有哪些未知因素？能产生多大规模的影响？
- 创新教练能够帮助创意的提出者或团队丰富他们的创意，并指导他们完成创新过程。因为最初的创意通常并不全面，需要进一步详细阐述和完善，因此这一步骤非常关键。

在爱立信内部，会有教练帮助理念创始人运用其创新工具集中合适的工具作为指导，一起完成理念的完善过程。爱立信内部有专门的训练计划，支持创新教练增强实力，以及创建学习与分享经验的平台。这些教练同时还负责公司范围内的训练活动，在创新工具中集中扮演着管理者的角色，负责培养和强化创新教练的队伍。

- 爱立信内部有数以百计的“灵感盒子”管理者和创新管理者，他们是自我组织、自我维持的创新管理体系中的一部分。在每个单位和职能内，创新管理者通常也扮演着创意小组管理者的角色。“灵感盒子”管理者能够发起一个挑战或拟定他们所需创意的主题。他们对提交的创意进行筛选，决定对提交的创意是给予资源支持还是舍弃创意。创新管理人员负责这个过程中所出现的具体提案，并监督和管理创意从形成理念阶段到执行阶段的整个发展过程。

创新管理人员和创新教练在爱立信人力资源系统内属于正式员工，其工作目标是提高创新活动的关注度，并且建立能够实现系统性创新的创新队伍。总体来说，这些明确的角色分工保证了创新需求和创新供给两方活跃度的同步提高，如图 5-4 所示。

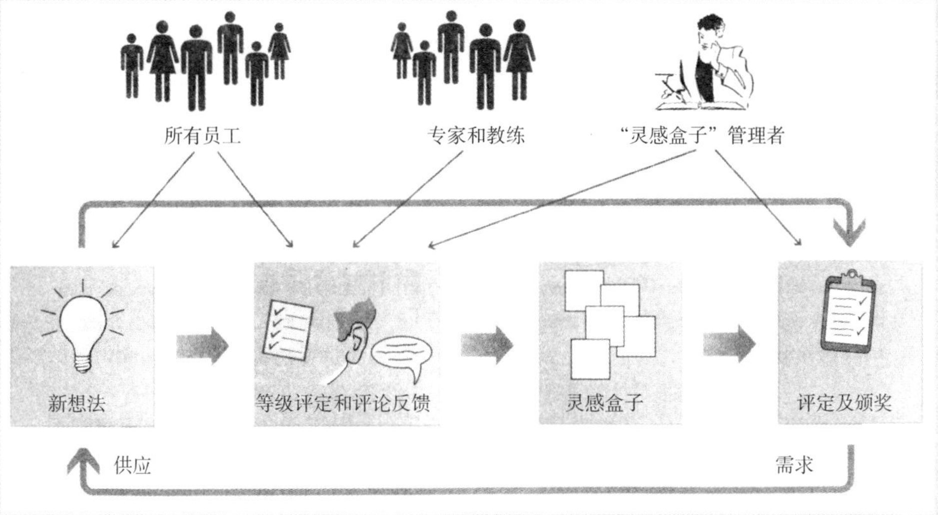

图 5-4 如同创新集市一样的“灵感盒子”

下面是建立灵感小组所需的具体步骤：

（1）小组领导者要充分思考："鉴于给定的策略和目标、待完成的工作，我们是否需要制订创新计划，或者已计划好的行动能否帮助我们实现目标？"

（2）如果领导认为创新是必要的，那么就要任命一位创新管理人（创新经理）（正式工/临时工）制订创新计划，并加以实施。

（3）创新管理者（创新经理）可以任命一个（多个）创新教练帮助创意创始人将创意转化为强大的机遇。

（4）如果创新管理人员希望从员工处获得创意，就可以设立一个创意小组，并对其加以管理。如何开始"灵感盒子"的运行呢？你可以这么做：

- 限定并清楚地描述这个范围，如所需创意的类型；
- 明确提交流程——时限、界限、标准；
- 提供人力资源，帮助其中较好的创意获得进一步的发展；
- 乐于投入真正的激情来倾听并讨论这些来自员工的创意。

基于不同层级单位的战略需求，"灵感盒子"会在组织内部生成一个创新方案的动态生态系统。这些新方案相互关联，并且所有人都可以通过在线工具进行查看，这种工具就像一站式的商店，可以让任何创意找到最佳的执行方案。所有这些小组与员工之间只有"一键之隔"。

和联合健康集团一样，爱立信也采用了一种与目标相吻合的方法。当卫翰思成为爱立信的首席执行官的时候，他制定了一条原则：所有人都应该有机会参与并从事创新工作。马格努斯和他的团队认识到，有繁荣的需求和形形色色的创意供应，公司才能充分挖掘整个组织的集体想象力。系统中的灵感盒子出现在需求一方，因为灵感盒子的设立者具有创新需求，并且拥有后续工作所需的预算和资源。而就供应方面来讲，创意来自自下而上的自我组织系统。总体来说,这种方法可以确保所有的组织工作都聚焦于支持战略的发展和优先运营的业务。毫无疑问，这就是公司内部长期进行持续性创新的过程。

创新加速器

另一种可以“加速创新”的方法可以通过被称作“创新加速器”(innovation accelerator)(有时被称作“孵化器”) 的过程和结构实现。壳牌的“创意孵化器”(GameChanger) 就是虚拟加速器的一种，它为内外部的创意创始者配备额外的支持资源，以帮助其细化和完善自己的创意。本章前面提到的联合健康集团的创意策划会议，也有加速的作用。

为了满足不同类型的创新挑战，公司 (及顾问) 常常会采用真实的和虚拟的“加速器”。面对这些常见的挑战，你需要：

- 创建新的理念，以满足新产品或新服务渠道的需要；
- 为业务单元/某项职能设定一个粗略的战略方向；
- 寻找突破某人或对手经营业务的可能方式；
- 需要回应由传统竞争者或非传统竞争者导致的混乱的市场发展；
- 启动极具发展前景但暂时陷入僵局的机遇。

举例来说，在阿根廷，全球快餐巨头亿滋创建了一个真实的创新空间，将其命名为“飞车库”(Fly Garage)。尽管，他们把它叫作“孵化器”，实际上，它的作用就和加速器一样。“飞车库”可以“让他们自由地进行探索，并在……中学习。在这里，没有角色的区分和职位的高低，每个人都可以提出自己的构思，汲取别人的构思。对我们来说，这不仅仅是创新加速器，更像是社会试验。”“飞车库”内的加速期从几天到一周不等。通常，一个特定加速期的标准时间周期为一天到一周。当然，这个时间要取决于项目规模的大小，以及加速期前期工作和后期工作的准备情况。

为加速期做好准备

1～5 天的干预措施的实施进度及能否取得成功，完全取决于前期准备的充分程度。最好从目标开始：你希望实现的目标是什么？什么样的视角可以帮助你实现这些目标？会议设计的含义是什么？

在设计过程中要反复思考：首先，确定我们想要实现的目标是什么；其次，思考在现实中，我们能实现什么目标。当我们反复修改设计时，考虑到现实情况的制约就会发现，最初设定的目标有可能不太容易实现。在这种情况下，对我们而言，最重要的就是要确保所有关键利益相关者都能理解我们做出的必要的取舍（见图 5-5）。

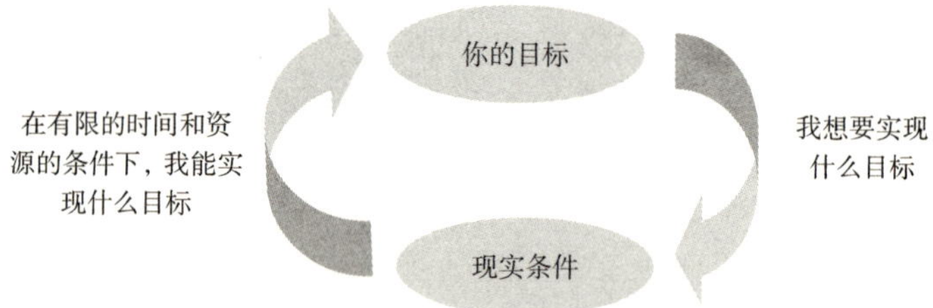

图 5-5 必要的取舍

当你在设计的过程中进行思考时，可以使用如表 5-1 所示的框架和方法。

表 5-1 设计过程中的思考

如果你有这样的目标……	考虑这些设计元素……
对自己关于产品、市场、行业的基本假设持质疑的态度是很重要的。对商业模型的所有假设，都要有质疑的态度	• 分析行业传统观念 • 模拟工具——从行业外部人员的角度进行思考
我们想要找到一种能让客户感到惊喜、高兴的新方法。 我们想要提升客户的体验	• 客户体验图和以人为本的设计方法 • 待完成的工作

续表

如果你有这样的目标……	考虑这些设计元素……
要突破自己、战胜竞争者	• 待完成的工作 • 分析行业和公司的传统观念 • 行业和市场的不稳定
我们希望能够重新审视我们的战略	• 所有的洞察力领域
有极具发展前景但暂时陷入僵局的机遇	• 客户体验地图和以人为本的设计方法 • 待完成的工作

这些设计元素中的一部分是可以完成的，至少，在实际加速期开始之前就可以着手进行这些工作。下面的几点会对你有所帮助。

- **传统观念：** 在会议开始之前，通过内部调查或召开一些关于传统观念的研讨会，你可以获得高效的投入。
- **对不稳定的洞察力：** 通过应用本书第 2 章介绍的方法，你可以形成一系列洞察力。
- **对于客户的洞察力：** 可以邀请一些主要的客户参加你的会议，也可以提前进行一些面对面的访谈。

开放式创新，快于内部发展

开放式创新（Open Innovation，OI）理论的创始人——亨利·伽斯柏（Henry Chesbrough）告诉人们：一个组织不可能垄断某一领域内所有好的创意和先进技术。如果组织内部还没有建立起一套完善的开放式创新流程，那么用开放式创新使组织实现快速发展就是一个不明智的选择。事实上，一个大型组织只有在思维方式、工作流程、激励政策方面发生较显著的变化，并且只有这些显著变化历经数年，趋于稳定后，它才能实施开放式创新。组织必须能够在其内部孤岛和层次体系之间自如地工作；逐步将协作行为作为日常的工作。正如亨利·伽斯柏所说："若想对外部实施开放，首先要对内部实行开放。"

如果你的组织中已经建成了开放式创新或者已经初步具备了开放式创新的流程和基础建设，你可以将其看作实现组织快速发展的手段。多数关于开放式创新工作的研究都趋于一个共同的结论：开放式创新可以节省时间，生成竞争优势。

快速发展：与供应商合作

要想推动现有业务的快速发展，你可以选择将供应商纳入现有业务中。举例来说，亿滋运行了一个供应商挑战流程。这个流程由每个业务单元的市场领导者实施，由研究与开发（Research and Development，R&D）部门进行管理。简单来说，它的工作原理如下：

（1）市场部门提供了一份概要，描述了公司希望解决的详细的消费者难题或需求。有了明确的定位，才能找准发展的方向，因此这一步至关重要。

（2）受邀参与这项任务的供应商会对这份概要做出响应，他们通常会寻找一些关于包装和支持技术的创意，并且在规定的时限内（基于项目的复杂度）准备好他们的解决方案。

（3）在亿滋举办的全天大会上，供应商可以向业务负责单位或研发领导提交他们的构思。在大会上，亿滋承诺在 30 天内对这些构思做出抉择。

其中的赢家可以和亿滋继续合作，落选的构思创始单位可以自由地选取其他公司研发他们的构思，包括亿滋的直接竞争者。有限的时间促使供应商全身心地投入到这项工作中，确保了工作重心和效率。

至今，亿滋已经成功实施上百次供应商挑战。尽管工作量有所加大，但是他们缩短了产品的研发周期，同时增加了供应商对公司的投入。

“如果只有我能做到”：缩短突破性产品的循环周期

从 2005 年开始，托德·亚伯拉罕（Todd Abraham）和亿滋［之前是卡夫（Kraft）］一起研发了开放式创新的方法。

他提出了一些清晰实用的建议，帮助那些专注突破性新产品开发的团队快速发展。通过思考“如果只有我能做到”这样的问题，鼓励团队突破当前产品的思维定式，激发他们的创造性思维。

几年前，亿滋的研发小组在思考家庭与工作场所中咖啡需求的时候，就是这么做的（然后是卡夫）。他们认识到经过几十年的发展，雀巢单杯式奈斯派索（NESPRESSO）咖啡机已经成功地在市场中获得了推广。所以，这个小组需要寻找一种属于他们自己的不同寻常的咖啡机。

从“如果只有我能……”这个问题开始，他们开始考虑如何才能将家庭与工作场所中喝咖啡的体验与高级咖啡厅中的体验相媲美。这个问题拓展了他们的思维，让他们着手解决客户难题，权衡利弊，消除矛盾。“如果只有我能……”

- 提供单杯式咖啡，这种咖啡的味道尝起来就和新烘烤的豆子一样新鲜。
- ……通过几种不同口味的组合，为客户提供不一样的体验。
- ……确保客户体验到“真实的乳制品”。

在这种框架下，团队开始考虑其他 3 个重要的问题：

- 关于创建这样的体验，我们了解的信息有哪些？
- 我们未知的信息有哪些？
- 公司外部有哪些人员了解更多或不同的信息呢？

团队很快意识到他们需要外部伙伴。他们挑选伙伴的标准很详细，当然，这其中包括与之相匹配的特定的技术能力。其他同样重要的挑选条件包括：相匹配的文化、研发投资、合作伙伴对品牌的经营理念等。

当可能的合作伙伴数量减少到一定程度时，再用以下3个评价标准进行筛选：

- 这些公司的价值观是否与亿滋相同？
- 他们全部任务的目标是否与亿滋相同？
- 他们的基本原则是否有助于与亿滋形成一种牢固的合作关系？

最终的结果是 Tassimo 饮料系统可以提供一种加奶或不加奶的单杯式咖啡。现在，这条产品生产线的全球收益大约是5亿美元。这个系统有两个主要的组成部分：Tassimo 酿造饮料的机器及其专有的、带有条形码的磁盘。微处理器可以读出磁盘上的条形码，并且准确地计算出水量、温度、蒸煮的时间，这样就可以调制出客户想要的饮料。“所有的酿造过程都是由 Tassimo 磁盘控制的。过滤水的回流保证了饮料纯正的味道，不会掺杂上一杯饮料的味道。多数饮料都可以在一分钟内做好。”

结合卡夫食品（Kraft Foods）、博世（the Bosch）和西门子家用电器集团（Siemens Home Appliance）的优势后，亿滋获得了成功。这个团队的开放式创新工作并没有随着产品第一次迭代结束而停止。最近，这个小组吸收外部专业的知识和技术，通过其 Tassimo 咖啡胶囊来提高水的流动速度。

亿滋的全球研发部门大约有3 000名工作人员。其内部的开放式创新框架可以指导研发者实现企业的使命——“保持新鲜的创新”。图 5-6 对这个框架进行了描述：

- **知识管理**集中于获取信息并对其重复利用。正如托德所说：“分享知识的同时，也可以增长知识，我们需要确定我们正是这样做的。”
- 对知识产权战略而言的**知识产权管理**是亿滋希望取得知识产权的那些技术，并将其作为商业机密，通过许可和销售盈利。

- **开放式创新**聚焦于那些通过开放式创新合作而取得的外部技术。

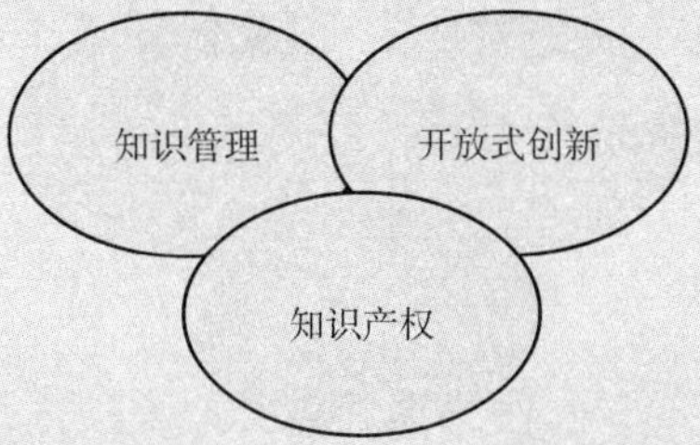

图 5-6 开放式创新框架

总体来说，亿滋的“保持新鲜的创新”反映了公司为了完成使命而整合的一些先进实践。从 Tassimo 例子中可以看出，开放式创新实践是从“我们能为客户解决什么样的难题”这个问题开始的。图 5-7 从托德的“要是……”这个问题开始，对整个流程进行了概括。

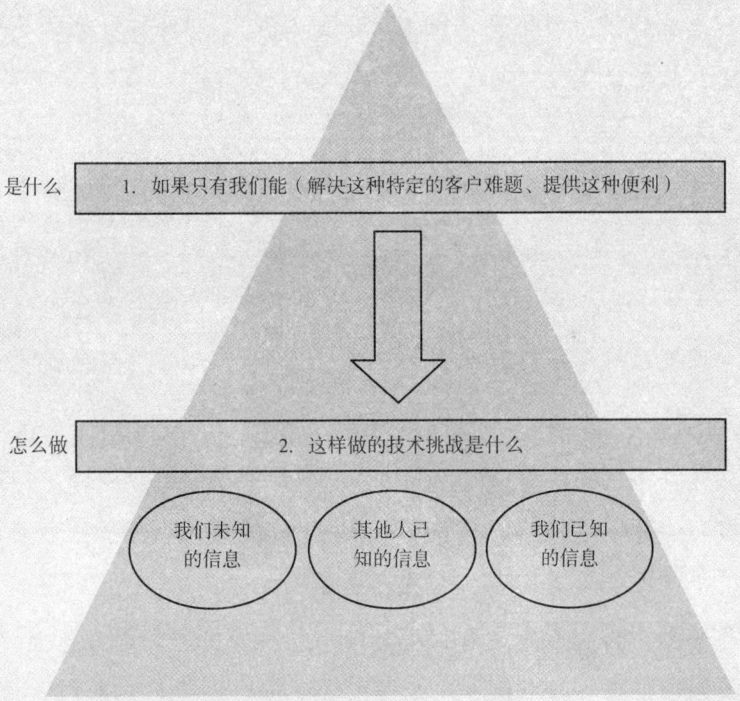

图 5-7 开放式创新流程

在亿滋内部，通过一个共同的理解、思维方式、文化，开展“如何做”这个过程。虽然此过程还不是很完善，但是亿滋正在努力通过开放式创新的实施流程来实现组织的快速发展。

快速发展：客户协作

艾利丹尼森公司（Avery Dennison）是一家全球性的B2B型物资公司，可以为各行各业的终端客户提供包装和标签的解决方案，其中包括消费品、耐用品、药物、服装等。通常，将压敏材料（他们的产品）卖给“布匹加工批发商”（converter），“布匹加工批发商”负责印刷、模切艾利丹尼森公司包装材料，并且将其贴在指定的产品上。尽管七十多年来，公司成功地维持了它的客户基础和当前的营销模式，但是当前的组织结构却无法使公司与终端客户进行日常的互动。事实上，公司很快就失去了以前的一些客户，如雀巢、拜耳（Bayer）。

艾利丹尼森公司的创新领导意识到，他们现有的营销模式和与消费者之间的距离，很有可能使得他们无法抓住消费者行为和其对包装材料偏好的变化趋势。此外，他们担心，因为缺乏对消费者深度的了解，会阻碍他们与终端客户合作关系的形成，如雀巢、宝洁、百威啤酒等。准确地说，艾利丹尼森公司并不认为他们需要改变现有的业务和市场营销模型。相反，他们想与现有客户进行合作的同时，要找到构建和管理创新议程的方法。而只有在对消费者的需求有了深刻的、丰富的理解后，才能制定出合理的创新议程，并通过这种手段发展自身业务、发展直接客户。

在每个主要的业务部门内，创新领导者以研究消费者自身未被满足的、未曾表达的需求为开端，希望形成自己独特的见解。最初，他们用这些见解识别新的发展机遇并对其加以描述。不久之后，他们开始将创新工作扩展到与终端客户的协作层面上。他们将这个过程称为 Brandfire。

虽然 Brandfire 现在是基于个体消费者并以天为时间单位实现快速创新的，但是他们还是在创新上花费了大量的精力。他们的目标是，在高度参与的、与终端客户面对面的互动中，通过以消费者为中心的方法形成一种特殊的、新的包装理念。在为期一天的会议中，用 3 个信息来激发新的想法，最后形成机遇的优先顺序表，如图 5-8 所示。

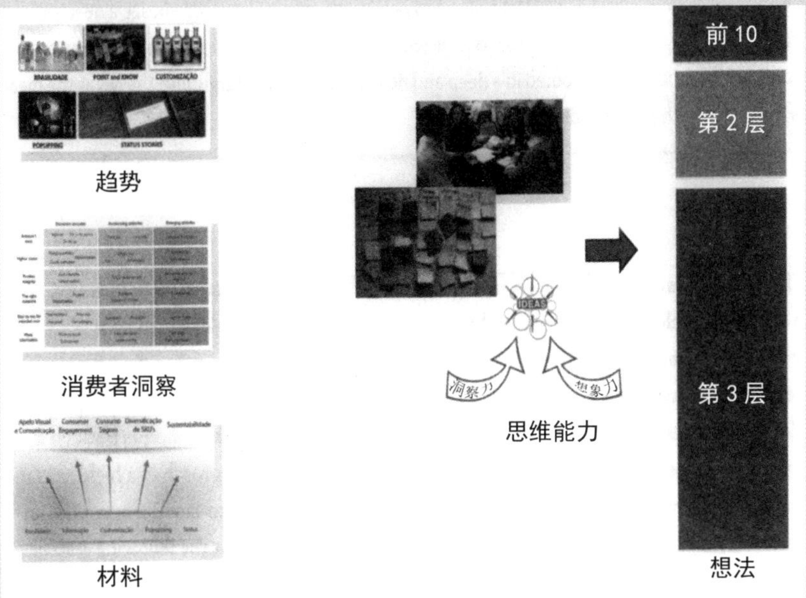

图 5-8 Brandfire 流程

艾利丹尼森公司形成了 3 种信息，分别描述了可能出现的、重要的不稳定趋势，消费者的态度、挫折，需要改进的包装和包装技术的发展，这些都是针对客户业务的具体洞察力。举例来说，Brandfire 专注个人护理和美容产品，这就说明了消费者有这样的需求；而有一段时间，他们专注研究非处方药物方面，这也说明了不同消费者的态度和需求是不同的。

要成功，就要互相信任，相互协作。在为期一天的会议召开之前，艾利丹尼森公司的团队就和他们的客户拟定了会议需要讨论的问题。会议上，客户提出了他们的战略计划和现有新产品的发展渠道。艾利丹尼森公司也与大家分享了技术和研发议程方面的核心信息。到目前为止，每一次 Brandfire 会议都会对近期和长期产品的研发工作进行分享，所有的事情在这一天内完成。

联合健康集团、爱立信、IBM、壳牌、亿滋和艾利丹尼森公司通过自身独特的商业模型在不同的行业里竞争，并创造价值。他们的目的都是进行快速创新。尽管他们具体的商业目标和快速创新的设计不同，但是通过应用相似的原则，都取得了成功。

小结

- 要实现“快速创新”，就需要在其他一些工作上耗费一些时间。如果要实现快速创新，那么就一定要确保业务负责人能够理解并支持你的想法，明白你的成果能提供什么，不能提供什么。
- 成功地进行快速创新，需要严谨的方案及与目的相吻合的、由明确的设计规则和清晰的管理法则严格构成的流程。这个方法决定了快速创新的成败。
- 快速创新最有效的方法就是协作理念的管理。如果做得好，就会较大程度地鼓励员工参与快速创新的过程，形成一种开放式的企业文化和开放式思维模式。通过努力，就会高效地产生一些可增值的、在短期内可以实施的创意。如果你想寻求一些大胆的创意来应对关键的战略挑战，一定要提供额外的培训和专业技能，这样才能将这些创意转化为清晰的、有吸引力的商业理念。
- 如果你有一个完善的或刚成型的开放式创新流程，那么，开放式创新工作能让组织得到快速发展。开放式创新不仅是一种方法；它还是文化及思维方式本质上的变化。首先要在内部开放，才能实现对外开放。
- 如果用明确的目标和规范来构建自身与其他组织的合作，那么供应商和客户可以提供很多能够帮助你快速发展的（有价值的）创意。

Chapter 6

第6章

试验与去风险化

在创意具有风险的情况下，如何在推进创意发展的同时巧妙地规避风险？

如何用试验验证理念的正确性，对理念进行迭代，使理念得到进一步提升？

如果已有的商业理念仍然存在很多未知，并且这些未知导致理念

商业化的进程缓慢，甚至可能会阻碍其进一步发展。在这种情况下，

该如何推动此商业理念继续前进？

假设你的商业理念在理论方面已经发展成熟,你当然会万分惊喜且想进一步将其付诸实践。但是，在看似可行的发展之路上，却充满了各种不确定因素及风险。

通常，大多数组织能够识别的风险包括：

- **客户风险**，例如新颖的价值主张，潜在的品牌转换成本以及客户黏性。
- **渠道风险**，例如由于营销组合的变化而疏远现有的渠道和客户关系；其他支持渠道的变动；不确定渠道是否愿意接纳新产品和新服务或者开拓新的市场路线。
- **市场风险**，与树立知名度、试验、回购相关的市场风险。
- **运营风险**，表现在提高所需的能力、管理供应链的复杂性，以及与现有的或与新伙伴建立合作关系等方面。
- **竞争风险**，来自对理念的防御性或对其他市场竞争关系的担心。
- **监管和法律风险**，体现在各个地区的各个方面，例如专利保护、环境问题及行业具体法规。
- **财务风险**，表现在对投资规模的大小、控制价格水平的能力和潜在同型产品间的冲突等方面的担心。
- **技术风险**，指的是技术的可行性、产品开发提前期，以及某一技术的推广是否能提供持续性优势。

我们该如何应对感知到的这些多种多样的风险？很多公司面对这些境况可能会这样做：立即进行风险评估，大体上识别出感知风险的类型及其相对严重程度，进而采取下一步措施。例如：

- **孤注一掷**，并且说“是创新就会有风险，让我们鼓足勇气继续前进吧”。
- **立即停止**，因为该项提议中存在太多看似难以应对的风险，所以罢手去做别的事。

- **犹豫不决，**太多的机会分析反而导致继续犹豫不决。
- **做更多的风险评估，**对财务、运营、客户、渠道、技术和其他风险进行更加深入的分析。

孤注一掷看似勇敢，但实际上却是十分愚蠢的表现；立即停止将导致无法实现预期结果；犹豫不决或进行更深入的风险评估只会使我们的分析陷入瘫痪的境地。

创新领导者不会选择以上 4 种措施中的任何一种，他们的做法是，不仅进行评估，还会进行积极主动的管理，降低风险。他们会采用一定技巧来对决定理念是否成功的关键假设进行验证，明确关键假设之后，设计一条能够有效判断理念可行性的学习路径，并在不断获取新信息的基础上调整创新方案。

斯蒂芬·托姆克（Stefan H. Thomke）最先提出将开展试验作为创新准则。近期，埃里克·莱斯（Eric Ries）主张利用最小化的可行产品（Minimum Viable Product，MVP）严格验证假设。他提出，在商业上利用 MVP 验证假设如同医学上的临床试验是非常科学的方法。对假设进行严格的验证是非常有必要的。莱斯建议主要针对创意启动阶段的风险，他说："精益并不代表廉价，对创意进行先期验证可以有效避免浪费……公司应在证实其商业模型可行之后，再提高设备产能及扩大人员规模……关注客户行为与创造如 iPhone 相似的突破性产品之间并不矛盾。iPhone 产品的出现并不像大众想象的那样，从斯蒂芬·乔布斯的脑海中一跃而出。"

构建并管理风险框架

以规范化的方法主动管理是应对发展过程中各种未知因素及风险最有效的办法。首先，你需要改变对风险的定义。众所周知，在创新团队甚至大型跨国团队当中，必定有一些风险是你无法控制的，例如地缘政治的干扰、宏观经济的冲击或者对社会或经济具有深远影响的自然灾害等。

但是大多数风险都可以被控制并降低。那些为公司和行业带来创新的成功实践者将风险定义为关键而具体的假设，并且相信这些假设对于理念是否可以赢得市场具有十分重要的作用。“假设”的本质具有未知性。从情感上讲，我们相信这些假设就是正确的；但是，从理智上来说，我们确实不能断定这些假设是否准确或真实。

在某些情况下，其他公司可能已经掌握了你未知的信息，这时你需要向他们学习这些知识。例如，如果你的新理念需要依靠服务与产品的整合才能成功，你可以向通用电气、西门子、IBM 多多学习，这些公司很清楚如何将数据和服务融入产品之中。但是，如果你的理念非常新奇且无成功先例，那么仅仅依赖案头研究（desk research）可能收效甚微。

一旦确定了关键的未知因素，你必须以较快的速度和较低的成本提高对未知因素的认知和理解，进而完善你的学习路径。

明确学习路径

假设你已经确定了支持理念成功进入市场的关键假设。但是由于缺乏信息或经验的支持，你无法断定这些假设的真假。这就表明，你需要填补知识缺口。

为了填补知识缺口，你可以思考你的理念在组织、市场和行业中的相对“新颖度”。你的行业中有类似的理念吗？行业外有类似的理念吗？或者你认为它“在世界范围内是全新”的吗？你对哪些必要信息只有浅层的认识？或者哪些方面你一点都不了解？这里，我们用横轴表示“新颖度”，对风险的了解程度决定不确定性的高低，未知因素的属性决定了填补知识缺口的方式（见图 6-1）。

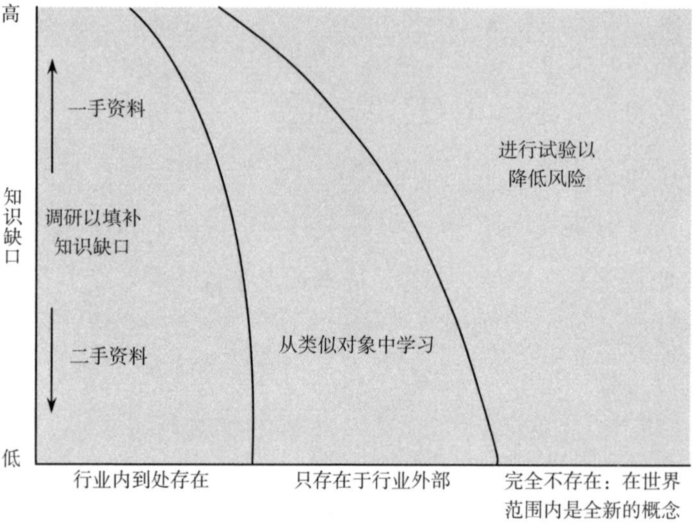

图 6-1 关于机会的经验

一手与二手资料研究、类似对象（analogs）及市场试验等，可以增加理念的确定性，控制并降低理念中的风险。下面我们依次对这 3 种技巧进行讨论。

从过去的相似经验中学习

如果有可供借鉴的历史经验，或者已经有客户沿着与现有理念相似的路径走过，可以按照下列方法做进一步的探究：

- 一手市场研究——客户或消费者对理念或对相关具体问题的反应是什么？
- 已积累的二手研究或数据会帮助你更好地探究理念。
- 你能效仿或借鉴的历史案例。

一手、二手或历史研究的信息，对于填补知识空缺有事半功倍的效果。如果你在寻找延伸产品线的机会，这些技巧可能会很有帮助。但是对于业内全新的商业理念来说，由于其在某些方面的新颖性与独创性，使用上述技术的效果不会那么明显。

从类似对象中学习

如果其他行业曾经出现的理念与你所提出的理念有相似之处，那么行业外他人的经验可以帮助你加深对理念的理解。提高关键假设的可信度如图 6-2 所示。

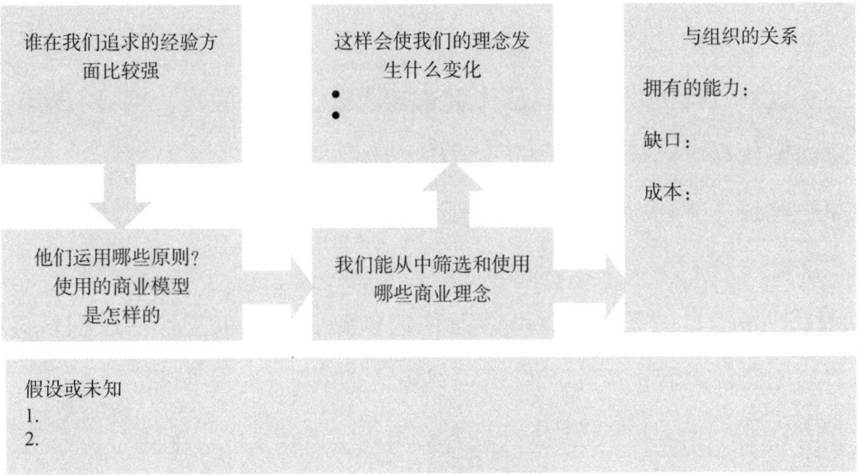

图 6-2 向类似对象学习

从图 6-2 可以看出，该框架提倡从他人的理念与经验中选择性地汲取有用的信息以丰富自己的理念，使理念与自身的具体情况相吻合。首先至少对行业外部的几个类似对象进行分析，其次再对该框架中的问题进行讨论。

重申一下，因为通用电气、西门子和 IBM 成功地将数据、服务融入产品组合之中，并在此基础上获得良好的发展和成长，因此我们将其视作典范。如果你的理念在某些方面与案例有相似之处，你和团队可以依照上述框架对这些公司进行研究，并最大限度地将所学知识应用到具体的商业理念中。

建立试验日程表

如果你的理念已经足够成熟，并且行业中既没有明确的类似对象，也没有足够的相关经验，那么你可以进行反复试验。这项技巧可以帮助你通过市场实践逐步缩小核心知识缺口，降低风险。步骤描述如下：

（1）**识别具体关键未知因素。**将机会中形成风险的未知因素具体化。

（2）**确定关键假设和未知因素的优先级顺序。**思考："在所有支持我们观点、会让我们取得成功的假设中，哪个最重要？我们最先对哪个假设进行市场试验以获得更多信息？"

（3）**设计具体的试验来验证关键未知因素。**再次说明，你只需要单独分析并验证你认为可以确保成功的几个核心假设。

（4）**验证、学习、应用。**从反复的试验中提取信息，并在此基础上不断完善理念。

（5）在新信息的基础上继续**修改你的试验，不断重复这一过程！**再次验证目前的优先假设和下一个需要化解风险的假设集合，不断重复此过程，直到你有充足的理由相信该假设能够使理念在市场中得到进一步推广。

接下来让我们详细地了解每个步骤。

识别构成风险的具体关键未知因素

注意，我们一直在强调具体性。很多组织用相当粗略的方式对风险进行评估和分类，如"客户或市场风险=高风险；经营风险=中等风险；财务分析=高风险"。或许这种综合的评估会告诉我们风险的相对类型，但是如此模糊地对风险类型进行界定，对于评估并没有实质性的帮助。

更有意义的问题是，"为什么客户风险是高风险"？例如，你将客户风险看作高风险的原因可能是：

- 虽然产品质量一般且替代性强，但是你的价格点明显高于现有的产品；
- 品牌转换成本可能很高；
- 理念中潜在的技术太新或还缺乏稳定性；
- 理念进入市场的路线需要客户购买行为有明显转变，但还不清楚这种转变是否会发生？

在实际中，你可能会遇到客户风险集合中的部分风险。如果你发现这些客户风险中的每一项对于你的理念来说都是高风险，那就说明在未对理念进行充分审查的情况下，你已经将其推进到了开发阶段。但是在经历了粗略评估（类似于“高客户风险”）向具体评估（具体描述客户风险）的转变之后，现在可以将注意力集中在特定的区域。例如，如果最大的不确定性来自“价格点”，你可能要特别关注理念的这个方面，并且建立具体的市场学习计划来提高其确定性。在识别出主要问题之后，下一步就是着手解决问题。

惠而浦公司可以被看作现实社会中的范例。几年以前，公司制定了“可以根据客户的偏好定制家用电器”的商业概念。创新团队相信，部分客户非常喜欢可定制产品，但是团队不确定公司是否能够从中获得经济价值。相对于现有的零售产品，消费者会高价购买定制家电吗？市场份额的增加会成为机遇的主要经济驱动力吗？消费者会为了享受更多功能而增加购买电器的总花费吗？这个理念能盈利吗？

一旦清楚即将面临的具体不确定性因素，就可以着手对其进行验证了。惠而浦在进行验证之后发现，当提供定制服务时，消费者愿意享受更多功能。他们由此得出结论：定制家电的经济效益源于为人们提供他们所需的全部功能。

对关键假设和未知因素进行优先级排序

识别出对成功起重要作用的关键假设，对其进行高效的试验至关重要。确定了这些关键假设后，就可以设计并实施反复的“试验—学习—完善”过程，加深对关键假设的理解和提高确定性。尽管有人对此表示怀疑，但是用足够的时间对理念的核心方面进行试验和学习，的确可以加快发展进程并以较快的速度对整个理念进行迭代。

在识别最重要的假设时，应该不断地对假设进行探讨和分析，并且最终决定哪个假设最能保证组织获得真实、有价值的机会。最重要的假设可能存在于我们先前提到的任何一个风险种类中：客户、渠道、市场、运营、竞争、法律法规、财务或技术等。例如，惠而浦创新团队的开放式问题就与其经济模型中的核心假设有关。优先未知因素是快速、低成本试验的基础，让人们进行相应的学习并调整经营理念。

图 6-3 描述的框架虽然简单却很有效，可以帮助你和团队就优先未知因素达成一致意见。

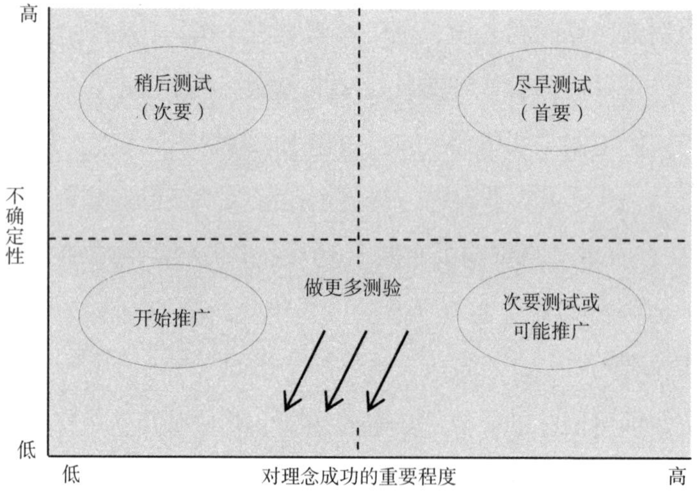

图 6-3　对假设进行探讨和分析

两个维度分别表示不确定程度和重要级别，代表了判定假设。

优先级别的两个标准如图 6-3 所示。将验证后确定是最关键的假设填入图中右上角，表示应该被优先考虑的假设。

关于关键假设和优先级排序还有一点需要注意的是，你会发现，关键假设常常出现在下列 4 种类别中：

- 市场和客户吸引力；
- 经营可行性；
- 技术可行性；
- 财务和经济可行性。

这 4 种类别出现的频率很高且优先级依次递减。思考一下：如果客户对展示的产品不感兴趣，那么剩下的风险都已经不重要了。如果客户有购买需求但你无法提供，那么财务和经济就完全没有意义了，以此类推。因此，尽管这个排序并非固定不变，但是却可以或多或少地帮助你进行假设的优先级排序。

设计具体的试验来验证优先未知因素

假设已经确定了最高级别的优先假设，下一步该如何对其验证呢？以下是几个重要的试验设计原则。在为商业理念和降低风险而设计试验时应该：

- **聚焦于优先假设**，这对于缩小知识缺口非常重要。不要试图验证商业理念的每个方面。
- **为学习而建立试验，不是为收益。**不必试图去验证整个商业理念的“迷你”版本是否正确。
- 按周进行思考，而不是按月。
- 按千元来计算成本，而不是按百万元。
- **测试商业理念中的任何必要元素。**不要将试验对象仅限定于产品或服务，也不能简单地假设除此之外的商业模型要素都“和当下一样”。
- **让知识经验化。**去调查第一手资料，不要将这项任务外包给其他人，否则你会错过很多对成功起至关重要作用的信息。

- 即使在特定的试验循环中，也要在执行过程中进行调整。

由于从单一关键假设的小型试验中可以了解更多关于“未知因素”的信息，然后快速进行调整，因此我们提倡“快速、低成本”的试验法。这样做可以帮助你快速消化吸收试验中得到的第一手资料，高效地完成学习循环（learning cycles），积累经验。

图 6-4 中的框架可以帮助你和团队完全把握理念，并设计试验。

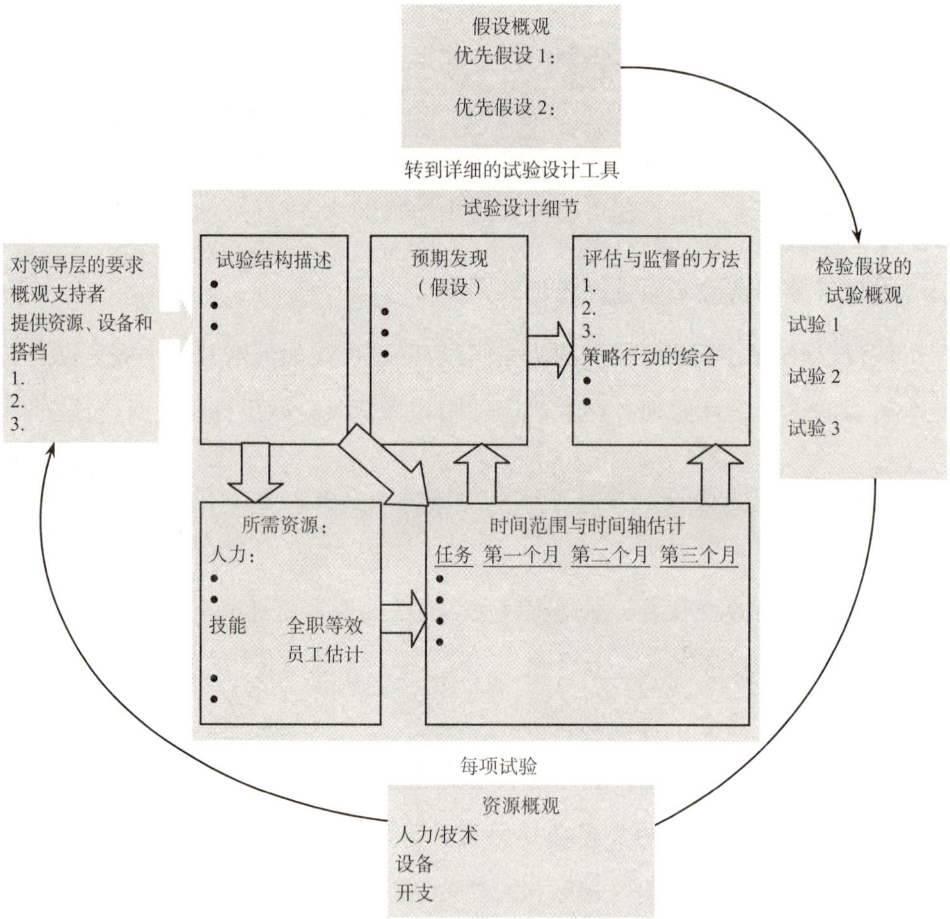

图 6-4 试验日程表

图 6-4 中的框架帮助你规划学习路径，确定最需要反复试验的关键假设。这里需要回答下列关键问题：

- 我们希望充分认识哪些优先假设？
- 在宏观层面，如何规划快速、低成本（但有效）的学习路径以验证假设？
- 需要哪些高级别的资源、支持或权限才能完成工作？

当然，有时可能会需要试验设计的详细提纲。图 6-5 可以帮助你做出任何单一试验的详细提纲，其中包含预期资源、时间轴与获得的支持。

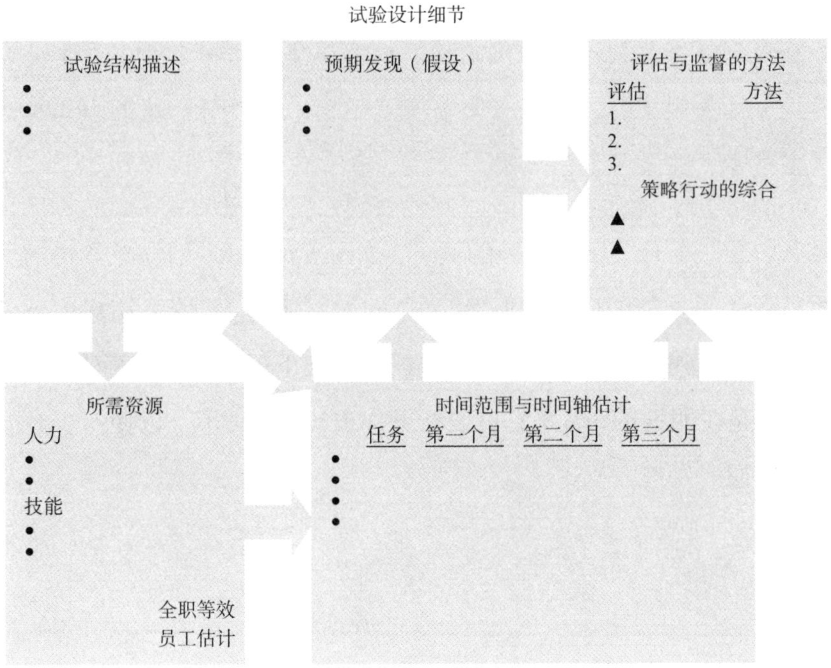

图 6-5 详细的试验设计

图 6-5 中的框架可以帮助你和团队在详细叙述每一项试验的过程中进行有序且全方位的思考。有些标准问题通常需要进行全盘考虑，还有些问题需要按实际情况具体分析。

学习、应用、重复

假设团队能够严格且全面地处理这些框架，此时你会拥有一个设计完整的试验。接下来的两个步骤是：

- **开始、试验、学习、应用。**根据我们收集的信息，对理念做出哪些改动？
- **反复。**我们在前面提到，收集新信息之后修改试验，不断重复此过程，直到你有充足的理由相信，该假设能够使理念在市场中得到进一步推广。如果现在你的理念与之前有所不同。非常好！这表示你在迭代、在进步，并且降低了风险。

接下来是一个有关反复试验的例子，如图 6-6 所示，请注意其中的两条平行的学习路径——“市场中”和“线下”的学习活动。通常，市场中学到的经验会引发意想不到的问题，其中有些可以通过线下的研究和分析得到解决。时间框架仅仅是说明性的，但是它可以帮助你进行快速迭代，以便对少数的关键假设更有把握。

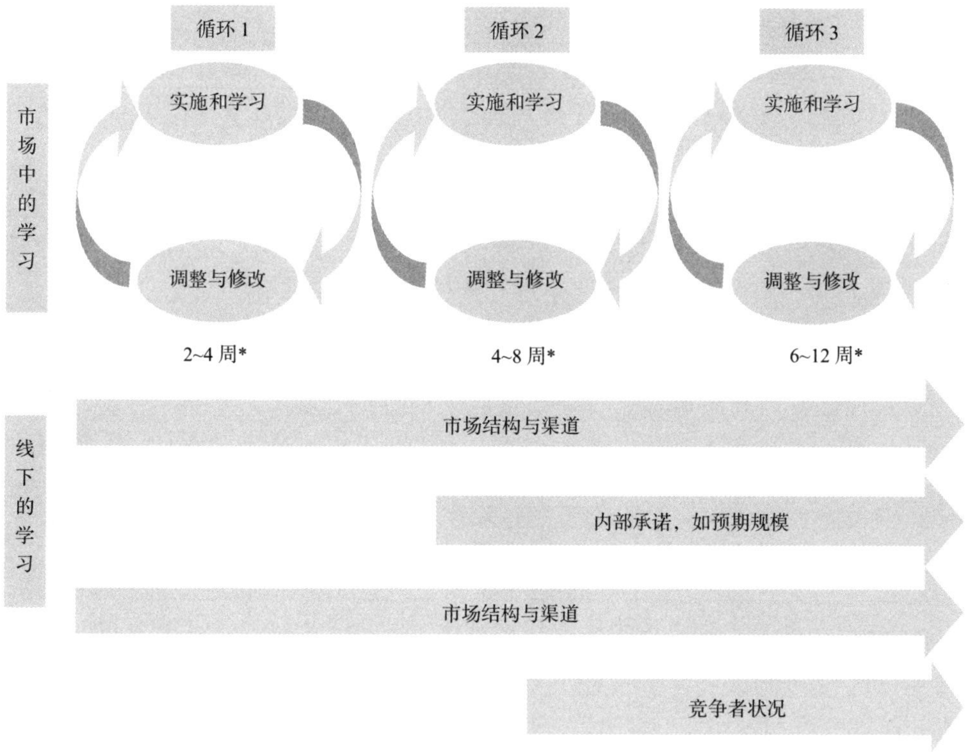

*时间框架仅仅是说明性的，取决于具体的环境因素。

图 6-6 在循环中进行迭代试验的典型方法

关于试验的实例

下面是两个应用了上述方法和技巧的例子。

惠而浦公司的角斗士汽车库产品系列

惠而浦公司的角斗士汽车库产品系列（Gladiator Garage Works by Whirlpool Corporation）是一种车库组织系统，包括车库和地下室的储存、组织及所需的器械。它实质上是模块化产品，客户在家中将未完成的部分组装加固。

角斗士最初的产品构想与现在北美市场中呈现和售卖的产品完全不同，其最初的产品方向是“车库冰箱”，当时的构想是较小型的。这个想法后来被拓展为“车库器械”。毕竟，大部分车库中都有家用器械，而且通常都是“旧的”，比如被淘汰的旧冰箱和冷冻机。

惠而浦公司最初的创意设计为“改造车库环境和供车库使用的车库器械”。在团队开始延伸、详述和迭代理念时，他们花了很多时间在车库中学习。公司之前的焦点和注意力一直集中于厨房和洗衣房，对于他们来说，车库是家庭中的新领域。他们在对车库内的工作和空间使用情况的观察中发现，车库是个杂乱的地方，除了车，通常其他东西也堆放在这里，于是推断出一项与众不同且尚未被满足的需求：储存和组织。

这点观察结果改变了团队最初的理念，尽管还是以家用器械为中心，但是他们开始设想是否可以融合一些其他的功能：封闭的储存、工作空间、悬挂式储存等。他们对理念进行了渐进式的迭代，最终形成了“冰箱—工作台—储存”系统，并且对这几个方面进行了市场测试。

尽管在最初的试验循环中消费者对产品有积极的反应，但团队还是从中发现了一些问题。首先，团队发现消费者对储存需求的关注程度完全超出团队的预期，他们对存储问题的重视甚至超过了对器具部分的重视。其次，在观察消费者搭建工作台时，团队意识到客户更喜欢自己动手的模块化解决方案。这两个观察结果使他们改进了系统，逐步接近目前的角斗士车库产品系列解决方案。

图 6-7 展示了通过市场的学习、验证和迭代，由最初的构想演进为模块化供应的过程。

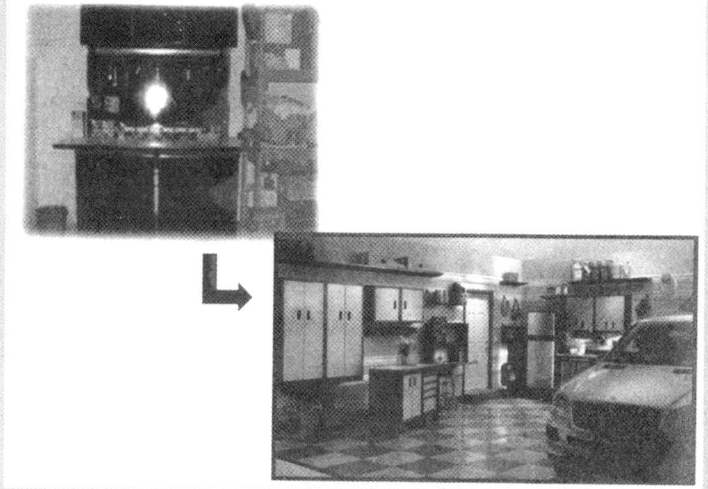

图 6-7 角斗士车库演化过程

图片来源：惠而浦公司。

在这个例子中,反复的市场学习过程改变了初期商业理念中某些关键的重心。

- **产品**从“车库冰箱”演化为成熟的角斗士车库产品系统。
- **优势**从适合于车库使用的器具类功能，演化为一切物品（肉、啤酒、自行车及其他运动装备等）的储存功能。
- **目标客户的转移和扩展**。最初的产品定位是“男人使用的器具”，但是在加入储存功能之后，产品开始吸引妈妈们的注意，现在它成倍地吸引着家庭中的消费者。
- **拓展市场的潜在路径**。储存成为产品主要功能之后，其销售渠道扩展到了与器具无关的商店通道和百货公司。同时有了新的渠道和方式，如家具卖场。

角斗士的例子充分证明了以几个控制风险的技巧和经验教训的重要性：

- 我们在第 4 章中提到，在市场中学习并对商业理念进行迭代，很少是一次性的事情。你必须不断学习和迭代，直到你对商业理念最重要的假设非常有把握，然后你才可以对理念进行投资和推广。
- 针对单个假设的试验，通常让你可以在这方面获得更多信息——在这个例子中，是产品配置。它还会给你一些意料之外的收获，额外的功能吸引了家中额外的消费者。
- 市场中的学习通常让你发现商业理念的多个方面，不仅仅是进行试验的特定方面。

从上述讨论和试验中可以看出，创新通常不是一条“笔直”的大道。反复提出假设、试验、学习和迭代，不断减少风险及优化理念，最终你会获得意想不到的信息，以及在其他情况下无法实现的成长。你应该接受，成功感觉更像一系列附带的学习和对话，而不是我们想象中（或者常常在创新的历史中听到的）那样清晰巧妙的方法。

小结

- 大多数组织都会实施风险评估，但是我们常常用高度概括的方式定义风险，这使得制定具体行动内容以防范风险变得非常困难。这是“财务风险=高风险”和“我们需要知道提高占有率或加强利润或将两者相结合是否可以获得利润”之间最重要的区别。通过后者非常具体的表述，可以设计试验，并基于这些试验获得一些信息。而前者却达不到这种效果，自然也就是无用功。
- 如果组织学会将风险分解得更为具体，并采取行动缩小知识缺口，就能更有效地管理风险。在具体而详细地识别出所有未知因素之后，聚焦于几个少数能确保你在市场中获得成功的关键因素。只要解决了这几个少数因素，你就可以巧妙而快速地缩小甚至消除知识缺口。
- 你可以通过这三种技巧消除知识缺口：调查研究、通过类似对象学习、市场试验。将试验视为一种学习的技巧和控制风险的途径。在社会或行业中越是新颖的机会，其试验的作用也就越明显。
- 你设计的试验应该“快速、低成本且不会引人注意”，它应该能够使你立即采取行动，这样才能对构成风险的未知因素有新的认识，从而深化你的理解。如果你还没有进行到商业化的阶段，请不要期待哪个试验可以让你认识到所有的未知因素或者验证整个商业模型。
- 成功的试验过程需要创造性的设计和项目团队的亲身参与，这可以促使你深入地学习并保证你进行更好的理念迭代。请记住这句话：设计试验的目的是为了获得信息，而不是为了收入。
- 有的组织害怕试验会拖累他们。俗话说，磨刀不误砍柴工。如果你肯花时间充分设计方案，并且在实施试验时管理有方，你将会飞速发展。

Chapter 7

第 7 章

在市场内创新

我们需要更多的创新，并且要提升市场内的新产品/新服务理念。

如何创新？如何丰富市场内商业模型理念？

资料表明，我的产品或服务并不像计划中那样能获得持续性的成功。

在推出产品的过程中，我们是否完全挑战了进军市场的传统观念？

我们希望在商业理念的构思阶段和该理念进入市场后的时间内都能

进行创新。那么如何能“在飞行中创新”呢？

或许当看到自己几个月甚至几年努力的成果——新的商业理念成功进入市场的时候，你会感到无比高兴，现在是收获利润的时候。这时，你能确定创新工作已经完全结束了吗？

或许你的创新工作已经结束了，或许你还可以延续创新工作，或许你可以在市场内现有资产、新推出理念的基础上进一步积累资本。事实就是，一个新理念的创新并不能仅仅停留在启动阶段。

在运行中创新

规范化的后续战略创新（postLaunch strategic innovation）具有可行性且可以增加价值，谷歌对这一点深有体会。例如，在 2010 年，谷歌创新者探索了超过 13 000 条算法的修改建议，其中有 8 200 条建议被逐一进行比较，从中挑选出的 800 条建议被进一步“实地”测试，最后有 516 条改进后的建议被用来研究算法。高达 95%的失败率，这在谷歌却是非常自然的事情。他们通过每周一次的“质量调研启动会议”分段对该过程进行管理。

然而，对于大多数其他组织而言，后续创新并不能轻易实现。但后续创新管理却是一个非常具有吸引力的议题，同时也是创新领域中发展不完善的区域之一。几个领导型企业针对市场内已有的产品和服务理念，通过选择性的应用前端创新技巧并以与目标相吻合的方式重复利用这些技巧，指明了进行后续创新的方法。我们认为后续创新就是在运行中进行创新（innovation while flying the plane）。

通常，当领导意识到，相对于市场工作而言，创新资源与前端创新工作投资之间在本质上存在不协调，就会支持后续战略创新工作。所以后续战略创新工作正是在这种支持下被发起并实施的。组织通过运用这些原则、技巧和方法来增加组织的创新回报。请记住，后续战略创新并不局限于执行力很差的后续理念。在很多情况下，后续战略创新集中于对商业理念的延伸和再利用方面，其中包括创新绩效较好的商业理念，甚至包括那些绩效出乎预料的商业理念。

我们来看一下能将后续战略创新有效应用于产品和服务的 3 种情形：

- 与之前的预测相比，实施创新后产生出人意料的良好效果；
- 与之前的预测相比，实施创新后效果未达目标，但也没有到放弃的地步；
- 那些绩效表现一般的业务规模，不断持续扩大，达到最低要求。

指导后续创新的原则

以下 4 条原则可以指导你的后续创新工作。

以与目标相吻合的方式运用前端创新技巧

无论你现有产品是大获成功还是绩效不佳，又或者你有一个强烈直觉，认为这是一个特别好的商业理念的时候，你就可以并且应该将前端创新技巧用于理念的后续发展过程，这些技巧包括持续性的学习、洞察力的发展、机会的详细描述、试验。

为了提升特定理念在市场中的绩效表现，你需要灵活应用前端创新技巧。后续的目标性学习将会指导你更改你的理念，或帮助你创造出新的、互补的产品或服务。要明白，持续进行这种学习有助于挖掘关于新上市产品各方面的潜能。

了解后续理念中可塑和不可塑的因素

实际上，市场理念中必然存在一些固定成分，并且这些固定成分很难被改变或在改变时花费高昂。这些固定成分包括基础性的产品设计或规定性的某些固定因素，只有被完全颠覆式地再概念化才可以改变。但是，我们也可以通过市场内的创新来改善和提高其他方面，即营销组合中的元素，比如定价、促销、激励措施、营销渠道、体验渠道。根据自己的具体情况决定哪些成分可以被有效地改变,然后应用与目标相吻合的前端技巧发掘出能帮助组织获得提升的其他创新。

用结构化的试点进行学习

如上所述，后续战略创新的培训是实践者的天地，并且，它很有可能对你组织内的大部分人来说是全新的。因此，结构化的试点有助于开展后续工作。在精心设计的试点内，边做边学是提升能力最有效的方法之一。

你的试点应该：

- 包括学习所需的全套工具和方法。结合你的目标，尽可能多地囊括具有可实施性、有用的技术。这些都会有助于实践者和领导者应用并学习这些技术，以进一步提升市场理念。
- 倾向于试点方法的每个元素的具体执行和工作流程设计。当你试图学习新的技巧、方法、伴随行为时，请记住，在学会跑之前最好要学会走。
- 允许你有充足的“空间”——可利用的人和时间，有效地进行试点学习。当有一个紧迫的主题在不同的房间、城市或国家“呼唤”你的时候，你很难有时间和空间学习新的东西。只有具备提升新能力的空间时，你才能进一步学习。
- 关注结果可以使技术和方法为组织的发展提供动力。关注那些需要真正解决的难题，而不仅仅是练习跑步。

谨慎选择你的市场机会

后续战略创新所需的资源不同于现在后续管理流程与工作中所需的资源，并且我们要将这种资源纳入后续管理流程与工作中。因为你还处于创新的前端，所以，在选取你想要关注的市场机会时，需要全面考虑自身的具体情况。

在后续活动中应用创新前端方法：发展新洞察力以进行新的学习

通常，组织的洞察力工作几乎都集中在具体创新产品问世前的工作上。在后续工作中，人们更倾向于收集与渠道设置、客户试验、回购等相关的数据。如果你的产品推广后，能够达到或甚至超过你的预期目标，那么就继续鼓励和发扬下去；如果低于你的预期目标，那么就要考虑：我们的销售工作是否做得不到位？我们的供应链运行方面是否出现问题？我们是否需要将产品从市场中撤回？

一般，后续审查工作主要集中在操作性的根源方面，以及为填补不足而直接采取的行动——有时会成功，有时会失败。通常很少有组织把后续审查工作聚焦于发展新洞察力方面。所以，让我们来看一下，在后续创新中，需要哪些类型的洞察力，以及如何以与目标相吻合的方式将这些洞察力用于后续创新。

- 与购买周期、使用、感知利益方面相关的**客户洞察力**。
- 与市场销售（B2C）、渠道伙伴活动及所有渠道支持方面相关的**渠道洞察力**。
- **网上热潮**包括上述洞察力的各个类型。重点是进行可靠的监测、评估并了解与你的业务和理念相关的网络交流中隐含的含义。
- **竞争者洞察力**指的是竞争者对于你的新产品或新服务做出的反应，特别强调的是这种反应行为是如何被告知的，也许会影响你进行商业理念的重构。

- 你会面临**行业传统观念**的挑战，需要你将所有营销手段进行整合。

关于线上、线下消费过程中的客户洞察力

在这部分，你的目标是理解客户在购买周期内的行为演变，你也可以利用相关观察技巧来实现这个目标。在产品上市之前的这段时间，你一直在寻找能够在整体感觉和某些具体方面令你感到欣喜的东西。思考如图7-1所示的几个问题。

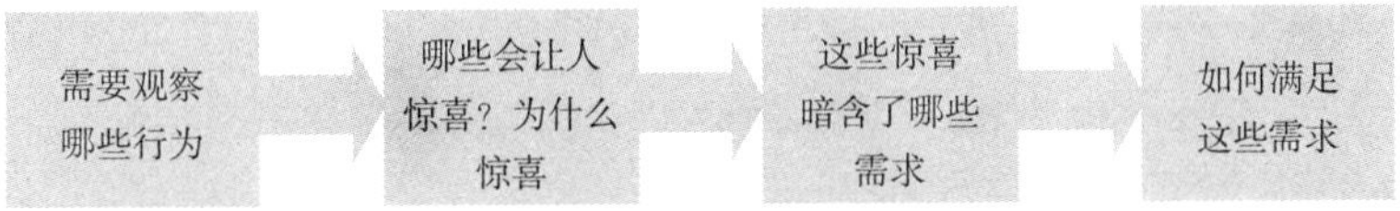

图7-1 产品上市前思考的问题

- 在B2B型和B2C型组织中，线上和线下售前渠道体验正发生怎样的变化？
- 客户以什么方式进行购买？有没有让我们感到惊喜的事情？客户体验和客户行为与预期相比，有什么不同？为什么会这样？
- 客户行为是否表明我们还要满足其他客户的需求？
- 我们是否可以为客户提供互补类型的产品或服务？
- 我们的研究是否建议对理念中进入市场的元素做出改变？
- 我们还能提供哪些增强措施以对目前的理念进行创新？

当你的客户进入展列着你的产品商店或者其他地方，他们会做什么？他们是第一时间就奔向你的产品，或者第一时间奔向他们第一眼看到的产品吗？你的产品或竞争对手的产品在哪些地方吸引着客户？如果你的目标是让客户第一眼就看上你的产品，去触摸它，与它发生相互作用，但当客户没有这样做时，你应该怎么办？营销组合或渠道支持的哪些变化可以使客户的行为朝着你所期望的方向做出改变？你能再重新定位吗？你能突出产品的特点，自信地对

客户说“来我这”吗？你也许会发现一些能对结果产生有意义的微小的改进和修正。

图 7-1 概括的 4 个步骤有助于对客户购买行为有更加深入的见解，也有助于提高下文提到的对客户使用产品情况的洞察力和对销售渠道合作伙伴的洞察力。

客户/消费者关于产品使用情况的洞察力

你要再次运用观察方法，弄清楚是什么促进或阻碍了客户对你的新市场理念的使用，弄清楚让你喜悦、失望和惊喜的因素。

- 在产品使用中，哪些方面使你的客户感觉愉快？
- 哪些行为让你感觉惊喜？例如，客户是否有妥协的迹象？客户是否有即兴的、之前你未想到的某些行为？
- 在理念发展的初始阶段，你认为是否有需要补充或改进的地方？

当然，如果你想在线下发展对消费者使用产品情况的洞察力，例如，在 B2B 的组织中，你可能需要到工厂、实践地或研究试验室观察客户对产品的使用情况。在 B2C 的组织中，你可以在家里、餐厅、商店甚至在全国运动汽车竞赛（NASCAR）中观察客户使用产品的情况。

针对消费者对产品的使用情况，将隐含的需求转化为具体的想法以改善市场中的理念，比如：

- 产品的额外功能；
- 服务的集成以改善客户体验并增加额外收益；
- 包装的改变；
- 价格的改变；

- 综合价值主张的重新定位；
- 其他营销实践中的改变，例如，渠道支持、推销、营销沟通策略及渠道的选择。

对渠道、营业员和贸易合作伙伴的洞察力

在这部分，你的目标是了解销售行为是如何通过渠道促进或阻碍你成功的。观察渠道（适用的）与营业员的行为。我们在很多案例中发现，组织认为渠道中正在执行的活动实际上常常并没有按照组织的预期发展。事实上，当一个团队在实践中观察零售商、分销商或终端客户以研究市场理念中的具体细节时，他们就会发现“惊喜”。而这种惊喜来源于他们所观察到的出乎预料的某些行为，也许这种行为来自营业员、分销商、终端客户或线上行为。

当你开始这项工作时，通过思考如下问题进行预测并寻找惊喜：

- 销售渠道的实施过程中，每个参与者的行为是怎样的？这些行为是否促进或阻碍我们的成功？或者对成功没有影响？
- 我们可以改变整个商业理念的某些方面吗？
- 仅与服务或产品相关的因素有哪些？
- 渠道行为的哪些变化可以产生更好的结果？这些改变是否需要对产品做出相应的改变？哪些可能的变化需要对产品做出相应的改变？哪些不需要？

无论你身处哪个店铺或哪种环境，信息的收集和观察活动都应该在市场内完成。对于这种类型的洞察力工作，依靠客户访谈和关注环境外部的团体对这种类型的洞察力工作的形成毫无帮助。

根据不同的线下（或线上）环境，对渠道的观察、调查、数据收集及对消费者的见解也会不同。

线下环境中的信息收集包括：

- 观察及基于观察内容所做的推理；
- 拦截客户并在出口处采访；
- 亲身体验购物流程，收集信息；
- 对营业员进行观察和拦截；
- 对营业员和店长的拦截和访问。

在线上，对洞察力的收集工作会更加困难。网上洞察力收集方法需要更多的创造性并且包括：

- 直接在网上购买数据，假设你的组织或你的渠道合作伙伴能拥有并提供这些数据，如成交量、跑单量、退货量、浏览量或其他可以得到的信息。
- 静坐在呼叫中心，听取大量的呼叫样本：哪些是与订单相关的来电？你听到哪些让你高兴的事情和让你沮丧的事情？你又能发现哪些未满足的客户需求？
- 网络志或用非专业术语表示就是网络监控。关于你的产品推广和购买，网上的热议是什么？人们的评价是什么？与网民有哪些沟通？沟通的主题和网民的一致反馈是什么？通过这些信息，你能发现多少能够丰富商业理念的“需求缺口”。

显然，人们更愿意在网上议论关于电影和明星的话题，而不是电锯和纸巾。但是，只要你一直观察，你就会发现在网络上任何东西都会引起网民的热议，你只要好好利用就是了。

有越来越多的服务可以帮助你监测与你的竞争对手、你的公司及你的产品有关的客户行为、偏好、讨厌和挫败感。这些服务为网络志提供了经济又实用的工具，可以帮助你从巨大的、广泛的资源库中筛选出自己想要的数据，也帮助你筛选出与关键洞察力相关的数据。

然而，需要注意的是，不要将所有网络聊天的监测与研究工作都外包给第三方。第一手资料、从最原始和未筛选的资料中获得数据的实践经验，都是不可替代的。你要自己把经第三方服务机构筛选后的数据和你自己的一手数据，进行合理地综合。一个简单的方式就是用谷歌搜索和阅读博客，就像网络志一样，你会乐此不疲。记住，过多的数据反而会阻碍你的学习！

对竞争性反应的洞察力

在这部分，你的目的是了解市场理念的竞争性反应是如何帮助你进一步提升理念的。把竞争对手的行为视为一面镜子，通过它来了解自身理念的优缺点。

- 竞争对手是否在模仿或复制你的模式？像三星模仿苹果的智能手机和平板电脑？
- 竞争对手是否粗劣地应用同样的创新、商业理念或特点？
- 他们的反击有作用吗？如果有，在哪些方面呢？
- 市场对你的产品推广有什么反应？市场对竞争对手的反击又能反映出哪些市场价值？市场的真正价值是什么？

运用市场调研或其他案头分析方法，然后考虑哪些因素可以进一步促进你产品的发展——不管是抵抗竞争对手入侵还是不断进攻。在实践中，发展对竞争性反应的洞察力可能会落后于我们前面讨论过的其他几种发展洞察力的策略。这种滞后性取决于竞争性反应多久才能对你的市场创新做出反应。

图 7-2 描述的框架反映了矿业竞争者形成洞察力的思维流程，这或许可以指导你提升市场内的理念。

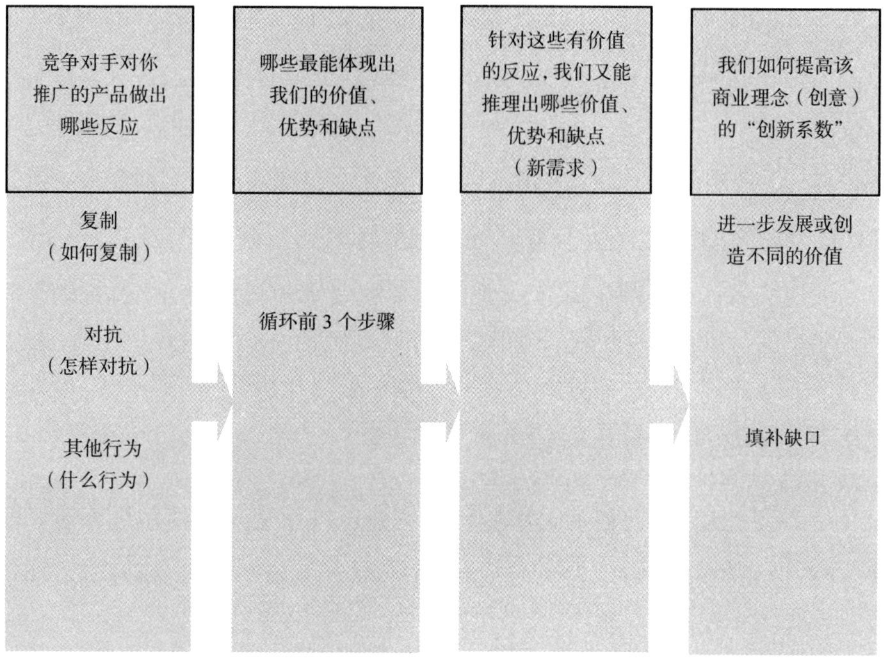

图 7-2　矿业竞争者形式洞察力的思维流程

我们能挑战的新传统观念

此时，你的目标是在理念商业化的过程中，不要忽略掉可以打破行业惯例的盈利机会。问问自己：与客户和竞争者有关的新洞察力是否体现了我们忽视的创新观念？如果是，我们可以成功地挑战它并获得盈利吗？

记住，传统观念仅是形成对客户、渠道和竞争对手洞察力的一种其他的方式。但是，你也会发现以这种不同的方式（在“我们如何思考”方面）构建这些洞察力也可以促进新的创新发生。多角度地寻找新的洞察力是一个可持续的好原则。

图 7-3 的框架可以指导你和你的团队将对客户和竞争对手反应的洞察力转变为对新的传统观念的洞察力。

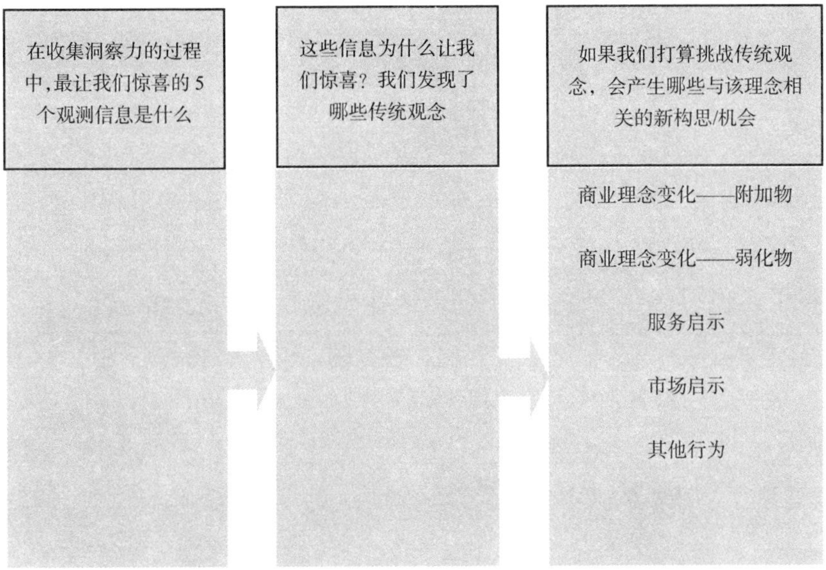

图 7-3 转变客户和竞争对手反应的洞察力

将洞察力转化为行动

我们经常发现，当一个团队在收集后续洞察力资料时，会产生有关产品促销、推销和渠道支持系统的新创意。在某些情况下，组织可以实施这些创意，或者将其快速加入“测试—学习—试验”周期中，进而迅速采取行动。这样就能快速地将更多创新融入理念中。

除此之外，组织可以通过更有原则性、更深思熟虑的方式，逐步将洞察力转化为创意。为此，他们通过选择性地结合内外部的洞察力创造新的创意。请思考我们获得（有关客户行为、未满足需求、渠道、营业员行为、预料之外的竞争者反应、有关未充分挖掘的新的传统观念）的具体洞察力，在这些洞察力相互交叉的作用下，可以产生哪些商业理念？

特别地，你应该关注能帮助你实现下列目标的创意：

- 识别可以锁定与你有同样理念的新竞争对手的方法；

- 想象新定位的可能性，或者吸引客户注意力的新方法；
- 考虑在同一渠道、其他渠道或两者中采取新的战术；
- 发掘容易增加新产品特质的潜能。

很多情况下，你不必对产品或平台进行大量不切实际的重新设计，就可以采取这些行动。甚至你可以形成一系列连续的创意，并通过试验进行测试。图 7-4 提供了运用洞察力的组合形成新创意并完善后续理念的指导。

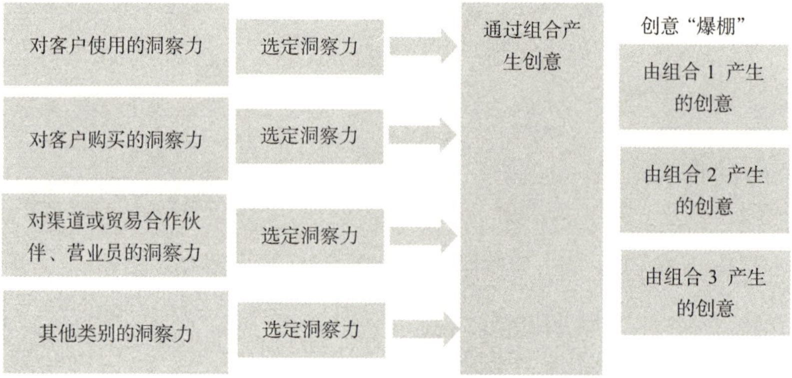

图 7-4 来源于后续洞察力的创意集

正如你看到的，这个框架反映了产生创意集的方式，并且这些方式同你研究两个或多个洞察力隐含意义的方式相同。例如，你同时会拥有对渠道合作伙伴的洞察力和对正统观念的洞察力。根据文中的分析，你的团队可以思考运用哪种方式可以打破传统观念以满足特定的渠道需求。

随着创意的产生，你会发现将创意按照主题进行分类是很有帮助的。例如，你可能会有更多的主题，或许是关于某一具体收益，或许是关于某一可行性技术，或许是关于你进入市场的一个或多个渠道的一系列支持性系统。将创意按照主题进行分组，可以使你无论在现在还是未来，都可以用一种更容易引用和使用的方式来管理自己的创意和选择。

图 7-5 的框架描述了两个维度，你可以通过这两个维度定位并对比某一主题内的创意。x 轴表示上市时间；y 轴表示复杂度。利用这两个维度对每个创

意进行排序，有助于使你快速地管理大量你想要追求的创意。在时间轴上的“未来”创意代表着一种储备，当资源允许时你可以再从储备中将这些创意挑选出来。

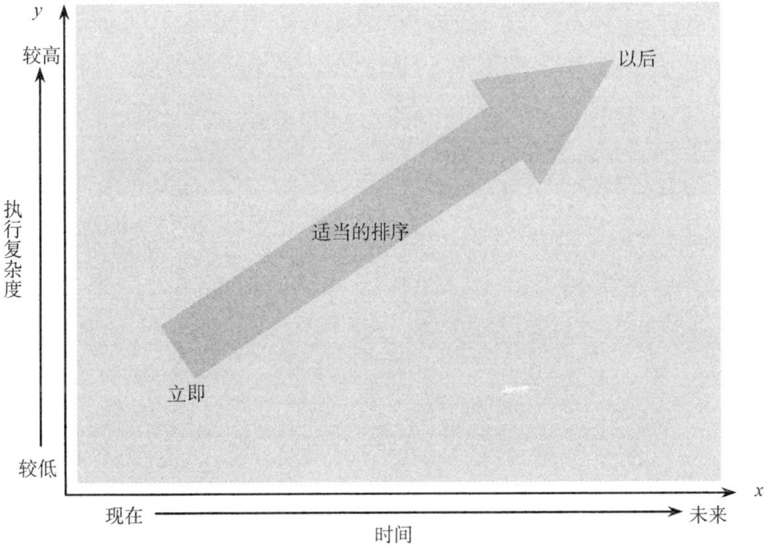

图 7-5 域主题（创意集的价值或主题趋向）

你会发现，自己拥有太多的主题或某一特定主题下的创意太多，会超过你自己一次性地思考或实施所有创意的范围。在这种情况下，你可以借助以下标准对这些创意排序：

- 潜力的大小；
- 所需要的资源；
- 进行新学习所需的时间和基于这种学习而采取行动所需的时间；
- 能给你（理念相关）的市场工作带来多大的冲击。

考虑到自身的具体情况，你可能希望增加一些其他的标准，比如对市场内或渠道内其他理念的影响。

因为你的商业理念已经进入市场，所以你希望能够促进该理念的发展。此时，为了执行该商业理念，你要在域内进一步构建独特的创意。

接下来展示一个简短的商业理念细化框架的大纲（见图 7-6），它可以指导你快速构建、评估和审查这些创意或“商业理念附件”。你要在没有陷入长期撰写并分析商业案例以致麻痹的状态下，从整体的角度分析创意、该创意对客户或其他利益相关者的价值及对你自身的影响。

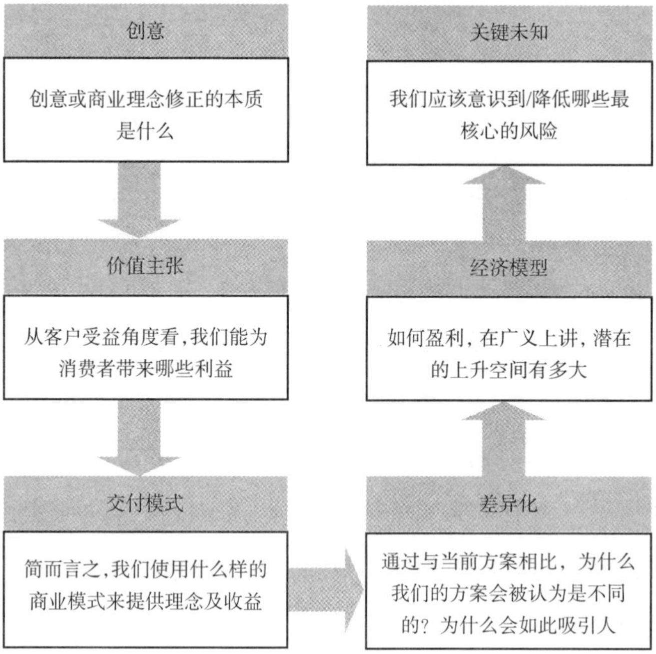

图 7-6 简短的商业理念细化框架的大纲

为后续学习和修正，继续进行试验

在你的后续创新流程中，试验、快速学习、迭代技巧或许能提供很大的帮助。也许你早就有了为产品或服务而设计的其他创新的创意，只是这些容易被构建的创意还需要进行测试并降低风险。

就像埃里克·莱斯在《精益创业》（*The Lean Startup*）中所描述的，一个规范性的快速试验方法能够缩短实现某一理念价值所需的时间。我们同意并支持埃里克·莱斯的说法，他建议在商业理念的实施之前就要应用该原则。但是，为什么一个高价值的方法只能在推出理念的前期准备阶段使用，而不能在后续工作中使用呢？通过与目标相吻合的试验，你可以进一步进行后续创新，进而发展并改善你的市场商业理念。也许相信，通过修正的促销方案、降价和对渠道发展的支持、渠道服务等，可以完善你的商业理念。你或许有能够通过其他产品特性来改善产品的创意，又或许有在市场内引进其他互补型产品的创意。如果你还不能确认哪种方案可以提升你的市场理念，那么你可以通过后续试验增强自信心。

后续创新：说明性设计方法

为了获得新的学习，你可以思考前端方法中的每个方法，如洞察力发展、迭代、机会的详细描述、试验等。如“乐高积木”一般，为组织量身定做的市场内的后续创新构建一种具体的方法。图 7-7 展示了新学习与初步试验并行的方法。

该方法的前提假设是，从一开始，你就有想在市场进行测试的具体创意。你要清楚地表达这些创意中包含的假设（未知因素），而这些未知因素只有通过反复的“测试—学习”周期才能确定。这些假设常常出现在下列领域：

（1）市场和客户的密切关系；

（2）操作的可行性；

（3）技术的可行性；

（4）财务和经济的可行性。

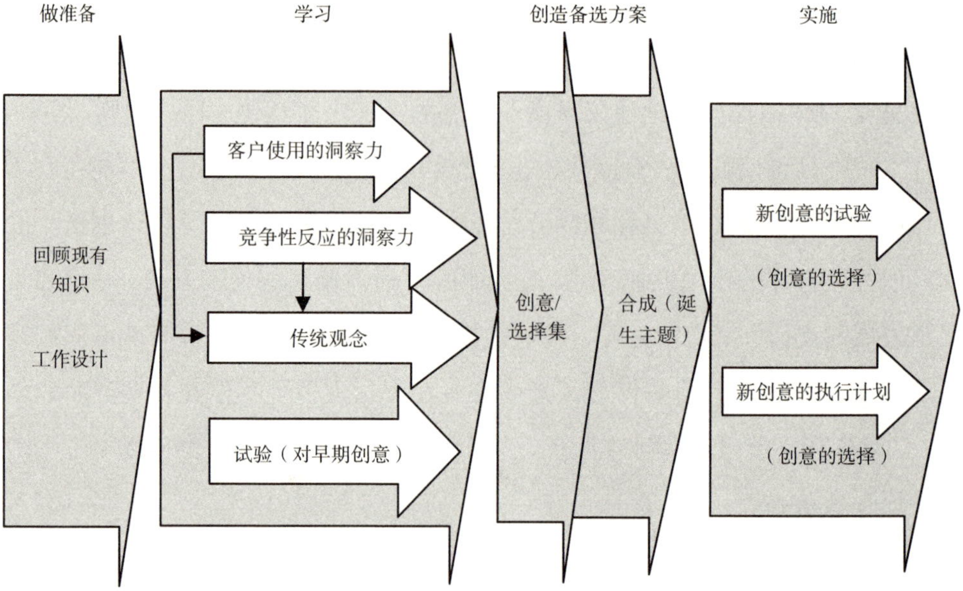

图 7-7 后续设计样例

在管理一系列迭代试验的同时，在特定领域形成新的学习，如图 7-7 所示。你希望通过这些迭代性的试验确定一些关键未知信息。这些工作可以使你对这些创意进行排序，然后简要地描述这些创意。在理想情况下，这样也会让你从试验或基于新学习的其他试验中发展出新的执行力。需要说明的是，由于这些完全取决于现实中的具体情况，因此，我们不能在所需的时间和资源方面提供任何具体建议。一般来说，这种类型方法的应用需要几周或更多的时间。

许多后续创新工作中应用的方法都是图 7-7 流程的变形。例如，你会发现可以直接将洞察力转化为行动，而不需要其他的构思过程或试验。

在以下几点的基础上改变你的具体方法有：

- **能为你提供帮助的洞察力类型。**你也许有时间和资源去探索多种类型的洞察力，以此帮助你形成与市场理念有关的新学习。或者，你也许认为你的潜在中心全部在购买阶段并且从此只关注这一方面。

- **创新实施前已形成的创意和洞察力**。有时，你可以回到实施创新前的创意和洞察力，来识别能帮助你完善产品的可能行动。在这种情况下，你可以“说做就做”并测试部分创意或直接在市场内应用这些创意。
- **试验的价值及重要性和试验类型**。如果你对某一创意有足够的把握，可以不用进行试验；或者，你想将其融入你的工作中并利用一两个周期的时间促进该创意的发展。你进行试验的类型会缩短或延长你的工作周期，例如，相比零售环境，在 B2B 环境下，你会需要更多时间来安排与客户互动的试验。

开展工作时所处的环境必然会影响你进行后续创新的具体方法。在某些情况下，你可以利用大约几周的时间走完整个流程，并取得好的结果。你会发现，你可以直接使用现有创意并对其进行试验。这里的要点是，针对特定的市场环境，你要以与目标相吻合的方式将你选择的全部或部分“乐高积木”进行组装。

后续创新的先锋：精选案例

让我们更细致、更全面地看几个组织的案例，这些组织都成功地运用该类型的市场学习，扩大了创新范围。

惠而浦公司

惠而浦公司积极地运用创新战略原则来推动市场产品的发布工作。凭借他们的实践经验，创新团队对包括市场内创新在内的整个创新流程进行修正。

惠而浦公司详细记载了其长期以来为构建创新能力所付出的努力。十年来，该公司专注执行并不断完善创新前端流程——被公司内部称作“三重钻石”的创新流程。

他们高效能的创新前端过程主要集中于能够通向创意的洞察力，在与创意相符的域中，团队开发了能够推向市场的单个商业计划和商业理念。从过去来看，这种方法对形成一套全面的商业化的新创意和发展路径非常有帮助。各种外部资料显示，惠而浦在这方面创造了数十亿美元的新收入。但他们想要更多，高级领导人和核心创新小组相信，他们通过前端创造价值的十多年经验可以扩展到后续的实施过程中。他们直观地认为，最新上市的产品仍有创新的潜力。通过简单的数字提示，任何规模化的企业和品牌中很小的收益也会为利益相关者创造实质性的价值。

惠而浦所实施的行动一直与其多年的学习、通过研究后续创新价值而设计并建立的最初试点保持一致。因此，他们可以体会到更多关于创新后续管理的价值。该试点专注其旗舰类业务中的新产品：洗衣机。这样选择的原因在于它的影响力，以及它可以提高后续创新技巧应用的可信度。试点途径包括对客户使用情况的洞察力、对购买者洞察力、对贸易合作伙伴和营业员的洞察力及早期的试验。

早期的试点中，该团队开发了大约 60 个可实施的商业理念，并将其分为 4 个“进入市场”领域，然后选取 10 个最好的原始创意，在更多的细节方面塑造理念，包括短期而低成本的试验计划。惠而浦公司这些工作的结果，为实现商业理念的创新提供了机遇，并且可能使得其年收益增加 5 000 万美元。

图 7-8 概述了惠而浦公司为其自身构建的后续创新渠道。

惠而浦公司后期活动中的创新是在精通其最初的创新流程的基础上进行的。通过多年对该原则的实践和磨炼，惠而浦公司已经建立了杠杆式的优势和能力。这种杠杆作用可以让他们一边设计创新后续管理，一边进行试点，进而在他们追求后续管理进程中，加强其整个创新能力。惠而浦公司设计的

"三重钻石"创新流程如图 7-9 所示。

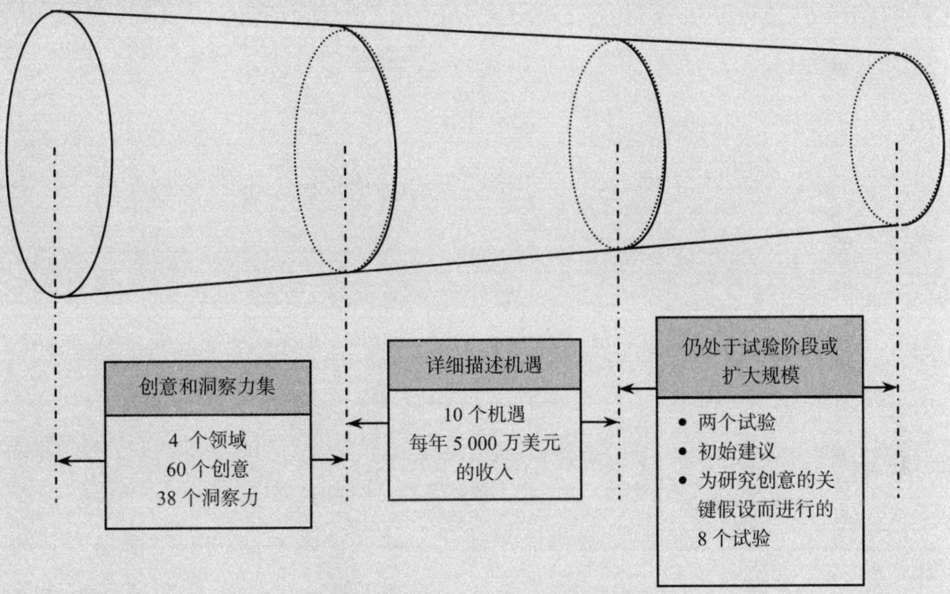

图 7-8 后续创新渠道

图片来源：惠而浦公司。

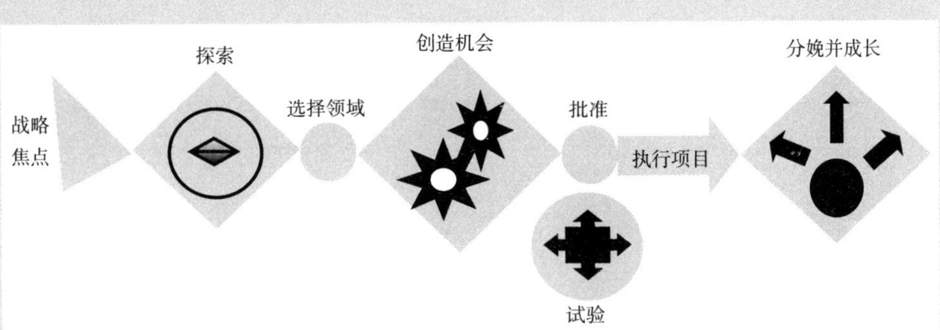

图 7-9 "三重钻石"创新流程

图片来源：惠而浦公司。

回顾工作时，惠而浦公司全球创新指导者穆喜思·诺拉纳（Moises Norena）指出，惠而浦公司开发的许多洞察力和潜在的创新，都可以进行跨领域的应用：越过洗衣店，进入制冷和烹饪及其他新的市场空间。惠而浦公司的经验是这类方法应用成果中常见的一种。

穆喜思和创新团队将这些工作视为重要的管理创新，并一度被称为从“推广和结束”到“推广和喜欢”的一种转变。最近，当团队在惠而浦公司内部公布这种管理流程创新时，他们称这个阶段的创新工作为“分娩并成长”。

赫曼·米勒公司

办公家具巨头——赫曼·米勒（Herman Miller）通过自身的经销商网络对可配置的、模块化的办公供应系统进行分类。公司的系统可以根据客户的需要设计并安装。通常，经销商就是渠道成员，在客户所在地为其进行家具的组装。

赫曼·米勒努力通过被称为“最后一英里”（一英里=1 609米）的工作拓展创新工作的范围，使创新工作扩展到市场活动。该项目的目标是“促进经销商健康发展，并帮助他们充分反映赫曼·米勒公司的优势”。例如，赫曼·米勒团队帮助经销商将“购买—订购—支付”的周期，缩短了15～20天。

在“最后一英里”取得成功后的多年里，该公司将创新扩展到包括后续创新在内的范围，它是如何实现这一点的呢？该公司通过着重关注在客户购物和安装产品过程中与客户的沮丧、喜悦和未满足的需求有关的学习，收获很多。例如，尽管企业已经形成了一套及时配送系统，实现了在卡车中装载家具零部件，方便了派送员。但因为没有为收货客户和负责为当地客户组装的经销商提供方便，导致经销商和客户不得不面对一些麻烦。例如：

- 必须将所有的同样类型的给定组件作为一个整体来卸载，而不是将系统中的不同要素进行一致性匹配。这样会导致更长的安装时间，成为经销商安装团队和客户安装管理者的麻烦。

- 由于组成系统的一个或多个必要组件没有送达，所以给客户配送的有系统性关联的组件就无法安装，导致对于这些组件的储备需求的增加。
- 上述的不匹配会导致现场工作的混乱。

该团队进行新的学习和洞察力发展，使其完全重新设计配送流程。这个改变过的流程要涵盖装载程序，这样就可以保证当客户现场下单之后，产品就依据经销商的首个装配步骤进行卸载。企业还要为了某一特定的订单存储成品，直到整个订单可以被完整地运送。这样的变化为经销商节省了时间和成本，也帮助企业在过去的经济衰落期持续发展。为了实现这一切，赫曼·米勒发展了一套远程式系统，进一步加强经销商与公司就系统设计与配送之间的交流与合作。

这些配送系统的创新极大地提高了公司的地位，也提升了经销商和客户的价值。利用以客户为中心的配送系统，相比之前，和赫曼·米勒合作会更快捷、更容易，这些都得益于多年来赫曼·米勒将为客户配送和安装的效率（和缺口）作为一面镜子，以此来促成他们高质量的模块化产品的出售。

后续创新可能会出现的问题

因为后续创新工作对许多实践者而言是一个新的领域，因此，需要考虑几个重要的问题。在你的组织内部发起并实施后续创新时，你应该“小心”以下几点：

- 你需要借助一定的方法才能将后续创新技巧融入当前商业化或后续管理流程，预测这种方法并为该方法的应用做准备。

只有将后续创新融入其他后续流程，后续创新才能充满活力。与将这些工作视为单独的、独特的项目执行的时候相比，集成能够提供更大的“黏性”。你知道“特殊项目”很难维持，为了与现有流程及系统相整合，你应该预测并制订计划，其尽可能地吸引早期试点中积极的同事及包含后期产生的集成性技巧。

- **在后续创新中，你总会觉得自己需要换一种管理创新的方式，要准备好退回，并且当问题出现时，要主动地、有效地处理此问题。**

市场创新的后续管理，比构思和发起新创意和新商业理念更加复杂。其原因在于，你的同事的全职工作就是关注潜在产品组合的市场执行和支持情况。很多的设计者、工程师、销售人员和一般管理者，在很长一段时间里，一直致力于推广新产品。因为他们的投入大，所以认为这样做理所应当。当你开始寻找完善这个商业理念的额外创新的时候，在某一领域你提出的建议，将会很好地帮助他们。对于现存资源的高度所有权是比较普遍的现象，也是在很多方面对组织有利的。因此，你必须做好准备，即成功邀请相关赞助者和领导人。你可以利用一个有完美程序的项目和一个有意协作和参与的方法，以及邀请高级赞助商来清除这些路障。

- **后续创新要进行大规模的试验。**

牢记，试验意味着“快速学习并迭代”，不是“测试并批准”和“测试并排除”。有必要持续地强化试验的不同观点，尤其是在组织内负责市场执行的同事。

在后续创新中，对试验的有效利用更加重要。为什么？因为在后续创新环境中，快速、经济、重点的试验是更为突出的方法。行为总与方法有关，你的组织过去可能在进行“测试并批准”的试点。如果是这样，那么这将需要超过一个或多个对话或案例试验来使“快速学习并迭代”转变为可接受的实践。总之，要随时做好改变某一主题中管理工作的准备。

这些都是实实在在需要预测的问题。毫无疑问，开发和实施可持续性的后续创新能力具有一定的挑战性。但是，当已经说了并做了相关工作之后，发现这一点对你是有利的，也是一种强大的、能增加价值的创新方法。给自己一个机会去尝试，不要逃避。

小结

- 后续创新反映了创新领域中的一种类型，并且大多数组织都会遗漏这种机会。很多前端技巧和方法也能以与目标相吻合的方式应用于后续创新。
- 如果后续创新对于你的组织而言比较陌生，那么你应该运用一种结构化、专业化的试点来开展此项工作，这样你的组织才会有确定的试点流程，并从中学习。以一种“实践中学习”的方式构建精心设计的试点是强化技巧最有效的方式之一。针对自己的试点，你要改变其管理因素，因为创新后续管理就是针对如何进行创新工作的一种改变。
- 试验是重要的后续创新技巧。试验意味着“快速学习并迭代”，不是“测试和批准”，也不是“测试和淘汰”。你的成功部分取决于持续性地清楚划分它们之间的不同，特别是如果你的组织有一段执行“测试—批准”试点的经历。
- 对后续创新中存在的问题进行预测并计划，包括内部抵抗力。特别地，组织中的其他人会认为你需要换一种管理创新的方式。记住，要主动与关键利益相关者和领导合作以获得他们对创新工作的支持。

Chapter 8

第 8 章

创新型组织

创新是每个企业的愿景，但是企业的天然属性并非创新，

那么组织中的创新如何实现？

我们的领导者缺乏系统性的创新管理，因此创新缺乏持久性，

那么如何应对这种挑战？

我们希望领导者及组织中最有能力的 100 个员工引领创新，并且有能力对创新进行规划以达到预期结果，如何达到这一目标？

如何将创新理念及创新流程融入组织学习和发展的项目中？

如果一个组织希望将创新根植于其中，就需要创造一种有利于创新工作的环境，帮助组织加强并促进创新行为。创新中不容置疑的一点是，组织是为了完成目前进行的任务而设立的。其大部分的构成是为了用现有的产品和服务满足当前客户的需求。极少数组织能够取得显著的成功，有一些极其失败，而大部分收获中等水平的成果。

组织从本质上并不十分愿意改变，适应一个新的发展方向并将其融入发展工作也是比较困难的，这一点无可厚非。他们既不愿意改变自身的传统观念，也不愿意与行业中共识的规则背道而驰。组织拒绝改变很正常，不过那些希望提升创新能力的公司往往不会流露出这种意愿。

如果组织真心希望创新，那么就必须同样认真地营造一种有利于创新的环境。你还需要保证创新源于这个系统，而不是简单的一次性创新。此外，还需要强化创新实力，并且将创新当作一种准则和能力来管理。怎样才能达到这些要求呢？要达到这些要求，企业就要对其战略行为方式进行详细规划，以保障系统性的创新。

创新要素的组成框架

商学院教授、咨询工作者，以及组织本身都有各自指导组织设计的模型或框架。例如，来自惠而浦公司的南希·坦南特（Nancy Tennant）首次构建了“创新车轮”（Wheel of Innovation）框架并借助该框架进行创新。该框架通过嵌入式的创新能力指导并推动创新工作朝企业目标的方向发展。这个车轮框架描述了组织在维持并促进创新能力持续增长中的关键行动，其中包括工艺流程更新、增长指标及领导行为。

我们建议将这些行动视为一系列“组织元素”，你可以将组织元素进行组合，以营造良性且持久的创新文化。对这些组织元素的改变代表了对组织中构建和支持活动所做出的慎重而有序的选择，使创新来源于系统。这些要素包括：

- 组织核心的创新方法和流程；
- 支持性的工具和框架；
- 技能与技能构建；
- 指标和度量；
- 激励因素；
- 外围及保障性程序——如年度计划、预算及资源分配；
- 筹资机制；
- 组织沟通——内部和外部；
- 管理层参与及决策（包括行为及制度或流程）；
- 为推动并维持创新而对结构进行的调整。

图 8-1 直观地展示了这些创新的组织要素。最终的目的当然是达到组织所希望和需要的创新结果。这不是为了简单的改变，而是为了实现创新，以保证组织的成长。你会发现，“文化”并不是一个单独的要素，而是上述元素的特定组合，构成了各组织独特的创新文化。

构建组织的创新原则

在和不同地区及行业的组织打交道的过程中，我们经常听到他们在说话时会加上这样的限定语：“但是这里的情况不一样。”我们非常同意，创新追求、文化、领导方式，以及行业结构中的差异会让行动出现明显或细微的差异。例如，惠而浦公司的措施能够使组织运行正常，但是如果你尝试在谷歌、艾波比集团（ABB）、壳牌或中国的百联集团中复制他们的做法，结果可能会令你失望。

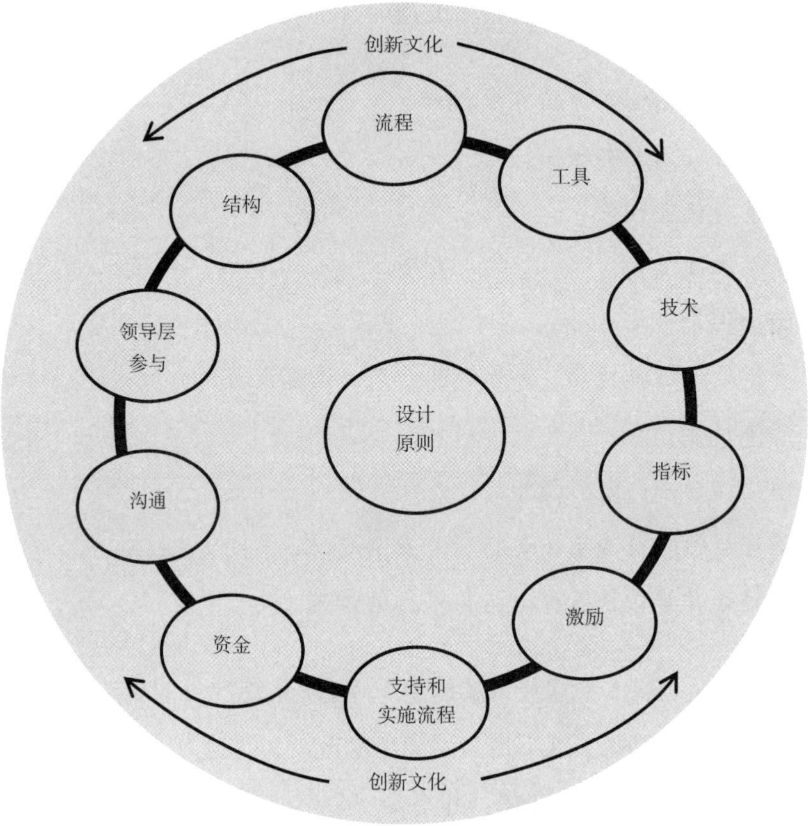

图 8-1　实现创新的组织要素

任何的环境都具有特殊性，所以我们建议不要直接沿用前人的方式，任何一种方法都不会适用于所有组织。不过，有一些设计原则是比较通用的，你可以使用这些原则来指导你选择那些有助于推动组织发展的战略行动。将下面这些原则作为清单来对照检验你的设计：

- **是否是全面的方案。**通过这种方案，将每个元素视为实现和维持创新目标的途径。
- **是否反映了系统化的方案。**在这个系统中，许多相对独立的行动相互作用，强化创新工作的一致性，形成积累效应。

- **是否借鉴了组织文化的成功历史，**即借鉴之前成功的改革行动中较为共性的显著特征。
- **是否避免了创新“孤岛”，**将组织的关键部分纳入其中，包括流程、领导层及智能化发展。
- **是否实现组织的内部开放，**以及有可能实现组织的外部开放。

综合性思考

如果你希望获得持久性的创新,你需要在多种组织要素内部及要素之间做出改变。如果组织无法提供充足的突破式创新，仅在新产品研发的过程中加入创新，是无法取得成功的。一个根本的原因在于，尽管组织重新设计了创新流程，但是指标、激励，以及结构的要素都没有发生变化，所以该流程中缺乏突破式创新所需的要素；同时，领导者对目标的支持没有给予充分的关注。结果是，改进的新产品开发过程使得更多的产品被更快地投入市场，但是缺乏突破式创新。

系统化设计

任何高效运行的系统都具备加强机制,即各项工作相互促进以完成目标任务。在设计创新系统时也要以这样的方式进行。请注意，不要以“生搬硬套”的方式进行设计。在实际中，有些或许可以照搬，但是大部分是不行的。以组织具体的创新目标、文化及市场内容为指导，才能设计出“最适合你”的系统。

行业中的其他组织，包括你的直接竞争者，他们的组织构成可能很适合大规模创新。虽然学习和理解竞争者的战略行动可能是有用的，但是在自己的组织内直接使用或全部套用他们的方法是很危险的行为。

我们来做一个类比：西南航空和新加坡航空都是非常成功的航空公司，他们有自己的优势、客户及成功的商业模式。如果一个公司使用对方的商业模式并且按照对方的模式运作，它就会失败。对你来说也是如此。不要完全照搬其他企业的结构，请建立自己的模式。如果你觉得缺乏自主建立系统性创新框架的能力，可以参考一些相关经验。

从组织的成功历史中吸取经验

在保证创新工作顺利进行的基础上，建立和实施对现有组织系统改变最小的改革方案，进而适应并管理改革后的新系统。这和改革中的“改造”这个概念可能看起来有点矛盾，事实上并不矛盾。要完成组织中的任何一点改革都是很困难的。创新实际上为组织带来了许多挑战，因为他们要面对很多从未接触过的任务。在这种情况下，单纯地为了更大改变而进行不必要的创新会使改革工作变得更加艰难。

在工作的开始阶段，梳理一下过去五年组织中重要的、显著的、成功的改革成果。例如进入一个新的区域市场，或者使用六西格玛作为企业重心，或者需要借助于差异化方法才能进入市场的商业模型。你可以从这些“成功的改革历史”中获得经验，从而推动组织的改革并保证其成功。其中要了解成功和失败的原因，以及可能出现的好坏情况和突发状况。

设计与目标相吻合的系统

在设计系统之前，要搞清楚一个问题：“我们的创新系统要实现的最主要的目标是什么？”例如：

- 你是否需要一个新的思路？也就是说，需要建立一个促进前沿思路和行动的系统，并使之为组织所接受。
- 你是否相信“我们并不缺乏创新，我们的难题是创意的实际操作”这种说法？如果是，就需要设计一个系统，其第一要务就是将所有权的实现和成果的转化置于流程的前期阶段。

或者你可能需要同时解决这两个问题。在设计创新系统时要注意，即使是在同一个行业内，“最适合你”的系统设计与最适合其他组织的设计也会有所差别。因此，若想建立一个针对目标的创新系统，就要将最关键的创新目标置于系统构建过程的前列和中心。“针对目标”并不是说要排除那些支持第二目标的要素，而是首先保证主要目标实现的同时，如果能够实现第二目标当然更好。

避免创新孤岛

在组织创新中，如果总是将行动孤立起来，就无法实现大规模的创新。可是实际上很多组织经常是这样做的，并且他们还认为要将“研发部门或其他的一些小组分离开来，等待研发成果通过审查并完全准备妥当之后再继续其他的组织活动”。

这种方法之所以不能成功，是因为孤立的部分很难获得所需的支持和资源，以致无法推动特定的创新目标的发展。因此，你应该尽早设计一套能够将创新融入业务核心的系统，这样才能有效避免“组织中的排异性”。

培养开放性和组织网络

我们曾经提到，亨利·伽斯柏认为，如果组织想要通过开放式创新获得成功，也就是说要实现外部开放性，那么首先要实现内部开放性和形成内部意识，并且打破组织内部框架和边界，使其各部分相互联系。这是从创新的更宽泛的意义上来理解的。当组织中的个体、团队及组织整体都能够开放地用新的角度、想法和思路去思考时，创新会获得最好的效果。

创新的组成要素

有了以上的设计基本原则，我们就要考虑在图 8-1 中包含的各种组成要素，并讨论如何有效使用这些要素促进创新的实施。

创新流程与方法

大多数组织在实践中都有直观或隐性的创新流程，推动创新工作发展。由于每个组织都有各自独特的文化特征，对其工作流程产生的影响也不同，因此对于创新来说没有“最好”的流程。本书主要是介绍在创新系统构建过程中可以使用的模块，在第 10 章我们会介绍一些针对不同创新问题和情境的替代方案。

支持性工具和框架

在本书中我们多次分享针对目标的工具和设计框架，帮助你锁定目标，并在此基础上开展工作。工具、支持性培训和技能训练都能够帮助你构建、记忆并复述特定的技术。这些内容可以帮助你将常用的方法以制度的形式规定下来。

在这里需要注意的是，许多组织期望找到一种“神奇”的工具解决他们的创新问题。这其实是一种错误的认识，是一个陷阱。工具本身并不能够推动创新，而创新工作本身，以及能够支撑高效的、完整的创新工作的系统才是保证创新的关键。工具只是创新工作中的一个组成部分。

当然，工具也可以使用很多形式，如电子、纸质、桌卡、视频等。如果你对相关的材料、技术，以及根本原则了解的足够多，你也可以临时自己编撰活动挂图，或者使用一些其他的软件工具。

随着组织的创新能力逐渐走向成熟,创新者就可以开始对其现有的工具进行调整,并且创造具有自己的思维、想法和知识的定制化专属工具。这些调整有助于将工具和技术融入组织的日常工作。

创新技术

构建一系列关键的创新技巧是组织在创建高效创新系统时需要完成的一项重要任务。为了说明这个问题,考虑以下两种不同的情境:

- 情境一:创新者拥有创新技能,但没有创新工具或流程框架。
- 情境二:创新者有创新工具,但是缺乏使用它们的创新技能。

创新的技能总是比工具重要。但是好消息是技能和工具并非"鱼和熊掌不可兼得",你可以(也应该)同时使用它们。

当然,也有许多其他的方法可以构建创新技能。在广泛的技能构建种类中,我们发现以下两种最为有效的方法:

- **通过介入式学习构建技能。**其中包括在实践中学习、行动学习计划及传统的培训论坛。
- **通过目的性收购构建技能,**其中包括雇用、承包、开放式创新,以及联盟或联合创业。

从实践中学习

人们可以在推动一个重要的创新任务中学习和建立相关技能。在这个过程中,将整合了指导、促进及咨询的一个成熟完善的方法应用其中。由于该方法更加"真实、贴合实际",因此要比单纯进行室内培训或外部拓展更为有效。许多组织都已经使用这个技术,惠而浦公司就是一个很好的例子。

从实践中学习：惠而浦公司

惠而浦公司在其13年的创新系统建立和维持的过程中，已经实施了许多次结构化的活动——在实践中学习技能。在1999年到2000年，高层管理者首次构建创新能力时，创新团队构思并实施了有区域针对性的大规模创新工作，在每个区域都布置了大量的人力。管理者通过结构化、分阶段实行的工作支持这一过程，以保证各项任务的实施和构建企业层面的完整计划。通过这些结构化的工作，大量的创新实践者在一年的时间里获得技能且形成了新的产品理念，并由惠而浦公司推向市场。有些实践者在后续推进其他的创新工作的过程中，进一步拓展了自己的创新技能、方法和技术。

之后，惠而浦公司认为他们需要为创新工作注入新的活力，创新管理者构建并推进了一系列针对各个区域的项目，将目标锁定在其核心产品、商业模型及服务发展领域，以推动其创新渠道与能力的建设。通过努力，企业在各个领域的创新更加有活力，创新技能也上了一个台阶，实现了创新技能的持续使用和普及。惠而浦公司所做的工作在行业内首屈一指，应用“从实践中学习”的原则构建并维持创新能力，为此提供了很好的范例。

行动学习计划

行动学习方法也是应用从实践中学习的原则，其内容是对团队进行工具和流程方面的训练。例如，安信龙集团（Assurant）是专门从事保险行业的美国企业，在全球范围内占有一定的市场，他们在其名为 ExceLerate 的领导人发展项目中使用的就是这种方法。这个项目帮助提升创新水平，以及“有潜力”的领导人的领导技能，从而全面提升下一代管理层的能力。

这种任务学习方法与惠而浦公司所采用的更加严谨的方法存在差异，体现在参与度及所需要的实施时间的不同。一个典型的有效任务学习项目一般遵循 3 步式的结构：

（1）针对创新团队面临的、有待解决的且需要商业化的实际创新挑战，设计和实施一个有目的性的创新培训。

（2）在几周内，将方法、技巧，以及框架的培训应用于实际的创新挑战。

（3）回顾并总结之前的工作，吸取经验并将方法应用于下个阶段的工作和流程中。

三四轮过后，实践者就能完成整个流程，并且会获得与“从实践中学习”不同级别的深入学习的过程和经验。在适用于特定组织与特定情形的成本—收益平衡方案的推动下，从这两种选择中做出抉择。

传统的培训论坛

虽然传统的室内培训也是技能训练的一种选择，但是我们将其作为选择列表的最后一位。很明显，室内培训比不进行结构化培训有价值，但是我们发现室内培训本身与其他技能培训方法相比，效率是最低的。

如果你决定选择传统的培训论坛方法，我们提醒你运用情境假设和过程模拟，将从实践中学习的方法（如亲身经历）融入构建框架的工作中。虽然这种传统的培训班方法既不符合真实环境挑战中所要求的工作原则，又缺乏实践学习经验，但是它至少能够为实践者提供创新工作最基本的思路。

通过有目标的雇用、承包、开放式创新，以及联盟和联合创业进行技术收购

在大多数情况下，企业可以纳入对消费者市场及目标消费者有深入了解的、有设计经验的新型智慧人才，通过这种方式提升其创新能力。那些建立内部孵化器或外部创业基金的 B2B 及 B2C 型企业经常雇用有经验的管理者，偶

尔也会雇用那些具备一定风投经验的管理者来帮助他们推动创新工作。

将新型人才纳入组织中也会对企业的文化产生影响，在 2011 年，圣戈班公司的高功能塑料部门正是这样做的。部门的主管汤姆 ·金斯基(Tom Kinisky)一直在思考如何加强创新。他和他的管理团队花费了大量的时间探讨这一主题，并且投入了很多资源开发能够建设创新能力的长期战略，以帮助组织发展。他们提出了一个关于创新定义，达成共识并制定了战略规划来指导其创新能力的发展；然后他们将目光转移到组织之外，期望寻找一个能够帮助这两方面工作顺利进行的人员。吉恩 · 安格斯（ Jean Angus ）就是这个时候成了部门创新过程的全球主管。在她开始工作的前 9 个月，吉恩和她的团队设计了目标性研讨会及其他的调整手段，使将近 800 个员工学习并应用了创新技能。这些工作最终带来的是新的产品、新的消费者，以及创新工作中更高的员工参与度。

指标和评估

大多数组织在评估创新工作时，通常会特别并适当地关注创新带来的相关收益。领导者和实践者也通常会对当前年度的预期收益及未来 1 ~ 3 年的预测进行分析。关注这些内容非常恰当，但仅关注这些内容还远远不够。

我们的建议是，企业不能将关注点仅限于创新收益方面，而应该扩展思路，这样才能够建立更适合创新的系统。如果你希望在明年或后年就获得创新收益，那么你需要找到当前的哪些活动有可能对明年产生影响。例如：

- 评估当前市场或渠道中的试验。当然，并不是所有的试验都会获得新的收益。但是随着时间的推移，你会更加准确地估计出能获得新收益的试验所占的比例。
- 对渠道中的不同发展阶段的理念进行定性评估及选择性的定量分析。其中一些可能需要市场化试验，另外的一些可能需要直接应用于商业。
- 评估创新流程与创新工作中的资源，以及领导做出的承诺——例如，有多少实践人员在做这个项目？创新工作与日常工作分别占他们工作时间多大的比例？在未来有多少新的实践者会加入现有的团队，并有能力加入创新的工作？

图 8-2 显示了一些推荐的渠道测量指标，它同时也展示了我们经常见到的渠道之间的合理的转移比率。

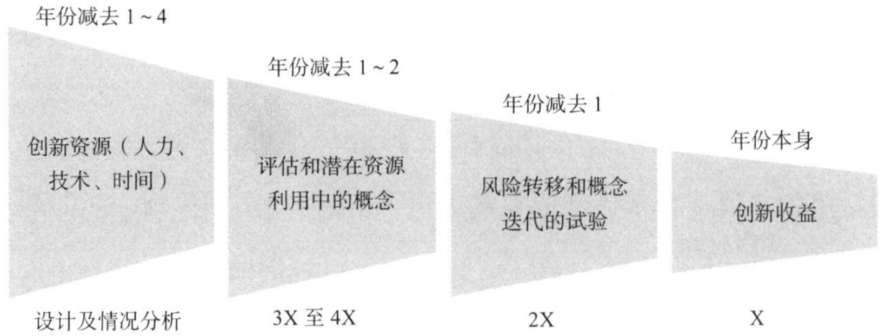

图 8-2　渠道测量指标

不难发现，在评估指标的初期讨论阶段及创新工作的早期评估阶段不可避免地涉及创新所需要素的内部讨论。下面是关于“想法成功商业化”定义的一个实际、简短的描述。这个想法或理念应该：

- 满足一个重要的且未满足的需求，或者解决一个重要矛盾或焦虑；
- 与现有的方案或解决措施存在差异；
- 从组织与合作伙伴的能力和战略资产里汲取力量，帮助你实现差异化，获得成功；
- 对于商业绩效有物质方面的影响。

如果你能够满足以上所有的条件，你就能够发现利于市场也利于组织的创新。像惠而浦公司、联合健康集团及爱立信这样的企业使用了这一简单但有效定义的变式，使他们能够对流程的评估及追踪方面的创新定义达成共识。

激励措施

在设计和实施其创新系统的工作中，组织的激励机制一般是比较敏感的部分。考虑到多方面的原因，在提到这一话题时经常会受到直接和强烈的反对。所以我们建议组织在对激励系统进行任何改革之前，先要保证组织的创新目标已经被清楚地理解，组织的经验已经足够丰富，以及组织已经获得了可以证明其初步投资有效性的绩效成果。

但是，如果组织创新与激励机制完全没有契合点，也无法取得成效。那些处在创新角色并负责特定创新成果的人员，对他们的激励机制中的一部分内容应该和创新成果的完成情况挂钩。这些创新人员包括商业中的人员、程序和能力支持人员，以及负责创新并促进创新成效的管理人员。

正如之前提到的，将激励措施置于实现创新的组织工作中的靠后位置，或者最后；其他如技能、流程，以及目标之类的要素和工作必须放在激励措施之前。对需要完成的工作、追求的目标、所需技能方面没有清楚的认识，就考虑激励措施，会导致混乱、失败和低绩效水平。在制定激励措施之前，明确这些关键要素可以避免这些事故的发生。

总体来说，我们介绍两种可以用来推动组织创新的激励措施。最好的情况是，你可以将这两种措施结合起来使用。

传统的“绩效管理过程”（PMP）激励机制

通常情况下，一个绩效管理过程系统通过构建指标体系，可以以年度为单位衡量个人的表现水平，并且在管理者评价的基础上衡量个人激励性报酬的比例。如果你的激励体系中包含明确的创新绩效分配，那么这种方法就有利于创新工作的进行，从而强化创新的重要性。

俗话说，一分耕耘一分收获。我们发现有很多绩效管理过程系统将三分之二的激励支付给了实现财务指标和目标的那些工作，将三分之一的激励薪酬给了包括个人发展在内的有关组织的建设与发展的工作。基于当下的背景，我们认为应该将上述的分配公式修改为 20%的激励薪酬给创新绩效，60%分配给当年的财务与目标，还有 20%分配给组织的发展需求。目前我们看到，通常情况下分配给创新的比例从基础创新角色的 10%到一般创新管理或支持角色的 30%。我们这里介绍的这些分配方案只是作为一个范例参考，显然你需要设计和构建适合你们组织目标的一个最佳分配系统。

基于角色的正规分配

除了基于薪酬的激励制度，你也可以管理正规创新中的激励措施或将业务发展的职责分配给那些热衷于创新的人员。这种激励不是基于单纯的数量测度，而是根据组织估价的增长行情进行调整。这种方式如同组织内部的企业家一样，为创新提供机会。

对于非常关注创新和新商业理念发展的公司，这种创新的角色是非常有价值的。这种角色本身的吸引力在于其提供了一种相对“软”的激励措施，这种“软”是相对基于绩效的“硬”激励而言的。

支持和实施流程

与创新工作相关的支持和实施流程的例子包括：

- 可以对下一步运转计划和 3～5 年的战略计划产生作用的年度计划过程；
- 构成年度计划的资本预算及其他资源分配过程；
- 领导建设过程；
- 企业发展过程，尤其是涉及联盟、联合风险、技术起源及并购。

其中，没有一个过程能够直接解决新产品、新服务或新的市场思路中的关于"下一步怎么做"的问题。因为每个过程都是资源分配需要参考的内部机制，所以每个过程都对组织采取和不采取的行动有重要影响。

和其他重要的举措一样，创新对于资源的需求是基于年度或更加频繁的。因此，可持久的创新系统或过程必须与这些相关过程紧密联系起来。如果没有这些支持过程的工作，你很快就会发现自己及创新团队与组织的日常节奏和核心管理过程产生脱节。那么你就处于在外观望的位置，很遗憾，这正是很多创新工作走向灭亡的前奏。经验告诉我们，如果结合组织和创新目标，对下列问题进行思考，就能够确定与你所处环境相适应的行动。

- 组织总体的年度预算和人力资源过程和机制是什么？如何将与当前的商业或商业模型不匹配的创新要求融入系统之中？针对创新资源的需求，如何经常性地与其他关于资本、支出及人力资源的需求相竞争？
- 创新以什么方式成为年度（或更加频繁）战略计划的一部分？怎样使创新同其他运营话题或日常话题一样突出？
- 基于你的创新重点和目标，目前你的流程所采用的方式是否与你正在开发和考虑的机会相适应？有没有其他可以替代的途径能够在组织中实现更好的结果？比如，是否存在单独的种子资金和谈话可以"保护"尚在襁褓之中的创新机会和工作？
- 在现存的激励方式不变的情况下，如何实施创新？他们可能以什么方式阻碍创新？

资金机制

为了创新，任何组织都在同资金抗争。由于组织的建立是为了重复那些已经进行了的工作，因此，组织通常都是一个平稳的运行过程，其资金和资源是为其现存的核心业务所设置的。为"从未走过的路"设置资金和资源是非常难的。资源在开始时都非常缺乏，当预算吃紧时，创新资金通常首先被削减，它很难与那些“确定的”日常业务竞争资金。

如果你的方法让你感受到了限制，我们为你提供一些可以保障和保护你的创新资金的方法。我们在下面的内容中描述了一些最有效的机制。在这些机制中，我们优先推荐种子资金，因为如果管理得当，这种方式在灵活性和效果上都有很大的优势。如果组织的创新能力达到一定高度，即创新渠道很充实并且创新渠道需要大量的创新资金和支出，那么“资金预留”的模式可能更加适合。

种子资金

种子资金通常在一个完整的金融年度之前进行预算，可以为早期的创新资金提供灵活的来源。所以，当某个创新工作需要增加投入时，随时可以使用资金，使资金配置时间具有极大的灵活性。这种方式的劣势在于种子资金一般都被当作可有可无，所以在财政削减时可能会首先被剔除。

种子资金最重要的方面就是其灵活性，因此它可以成为非常有效的机制。但是如果对其管理不当，或者没有与日常的预算采用同等严格水平的管理和明确的商业逻辑，那么它们有被视为“娱乐资金”的风险，并且可能很快被取消或搁置。

在我们的经验中，确保成功使用种子资金最重要的工作是维持和保护它们。如果你能够做到这点，你还需要考虑下列问题以保证成功。

种子资金应该归属于哪里？

种子资金的归属问题取决于系统内的其余部分。组织在控制和配置创新专项资金时通常有两种选择：一是中心控制；二是分散控制，也就是在业务单位内以某种形式控制。

中心控制通常可以提供更加稳定的资金运用标准和分配决策。分散控制更支持和有利于业务单位的成长和创新目标的实现。基于系统其余部分的设置，需要选取哪种方式，并思考哪种方式更加适合你的特定需求和环境。

谁来决定如何分配种子基金？

这个答案在一定程度上依赖于你所决定的种子资金构架是中心控制还是分散控制。不管哪种选择，最好由企业或业务单元的最高领导者来进行分配决策，因为这样做有利于驱使这些领导者真正投入创新工作中。

应该预留多少资金？

经常有人问我们这个问题，大多数组织都希望得到一个标准的答案或度量标准。然而在实践中这个问题并不是那么简单，你的答案和方法取决于你的总体创新目标及种子资金帮助你实现这些目标的途径。

例如，你是否希望通过种子资金支持：

- 仅仅是思想性工作？一般创新过程中的其他方面，例如试验、一定水平的产品开发、早期推广或者以上的结合？又或者以上两方面都包括？
- 某一具体方向的发展目标？如果是你所需要的资金，你将会更换 10% 的现有基础吗？还是 30%？为了实现这一水平，你认为你需要每年在市场上获得 1 个、5 个还是 50 个新的机会？

基于你所设置的系统，从未来的目标出发确定你自己的商业需求，比使用外部基准更适合预算控制。

创新的预留资金和支出

为了实现更多的创新，使创新成为主流，并且以更快的速度被组织采纳，一些组织在工作中采用了“预留”的方式。预留方式的优势在于它能很快地集中于创新并且迅速将其整合到年度预算计划中，使其与其他经营编制项目有同等重要的地位。

组织将预算中的一部分特定资金或花费保留起来，使其只能用于那些在之前章节中定义的创新工作内容。创新或项目需要资金支持时，可以在财政年度的任何时间内使用资金。如果资金没有被全部使用，那么年底资金的余额就会回到起始水平。

组织可能会根据其创新能力的提升随之调整资金或支出（或两者同时）。当惠而浦公司启动它的创新工作时，他们为创新工作和项目设置了一定比例的资金，随着组织创新能力的逐步提升，这个比例也随之提高。

预留资金的优势在于他能够帮助创新成为组织的主流，而其劣势在于可能创造了创新供给之间不平衡的风险，同时可能激发了“对于系统的博弈”。用这种方式来思考：

- 预留资金的数量代表了“创新的需求”。
- 组织建立能够支持创新的财政能力代表了“创新的供给”。
- 如果需求超过了供给，那么创新预留资金可能会越来越少甚至最终消失。

当组织开始实施他们计划好的创新工作，创新的供给很难超过由全部预留资金代表的创新需求。所以，如果没有充足的创新供给，强制灌输创新概念可能会让人认为“创新”和“突破”工作就是为了获取资金和资源。

所以，你的组织最好能够首先建立一个灵活但是管理良好的种子资金，然后当你具备一定的创新能力（也就是一个足够创建机会的能力）去很好地验证和支持创新时，可以将种子资金转换为一个资金/支出预留模式。

提前的创新年度预算

这种做法能否取得成功取决于组织在制定年度预算时识别其特定创新需求和预算的能力。在实践过程中，这种做法预示着我们要提前对 12 个月或更长时间的发展状况做出预测。除非组织的创新工作已经完整地建立了，否则预测工作会是非常麻烦的事情。

总体来说，我们并不认为这是一个有效的资金方式。与种子资金相比，由于无法提前很好地预测创新需求的所有细节，因此这个方式灵活性更低，同时也面临着诸多挑战。

- 这种方式通常无法为创新提供充足的时间和资金灵活性。你一般不知道新的思路和项目什么时候会出现，或者他们什么时候需要被提升到下一个层次。基于这一本质特征，时间和资源的灵活性对创新具有重要的意义：这是一个不断迭代的学习过程；成功通常需要进行市场的试验，而这些往往不能与企业的计划相吻合。
- 与那些日常商业项目中的确定过程和确定支出相比，创新工作确实处于劣势，因为通常前者有更加确定的收入和结果。所以，创新会被一再压制，直到组织不再在物质上对其投入。

建立在信任之上的创新基金

比年度资金预算更低效的是“建立在信任之上”的资金方式，也就是资金并不以任何方式进行明确的预算。许多组织都采用这种方式，认为当一个有吸引力的创新想法涌现时，再拿出资金支持该项目。

其实这是一个错误的假设，并不是因为这些人不是诚心实意的（通常情况他们确实是诚心的），而是一旦另一个工作被提上日程并开始工作，那么创新中获得资助的一些工作就必须被延迟或取消。这是一种艰难的处境。这种方式使人们得到了投资，才获得了工作的动力。在所有提到的资助模式和方法中，这是我们最不推荐的。

组织沟通

我们知道人们很在乎组织中非正式和正式沟通的内容。他们尤其在意高层管理者关于企业优先选择、价值观和关注点的沟通内容。如果你将创新视为一个长期的工作，你需要将其纳入组织内外部的沟通之中。

我们发现按照以下实践操作，组织能够成功地将创新维持在首要的位置。

- 将创新工作与现存的沟通渠道进行整合。如果你已经使用传单、企业电视、季度议事、每周电子刊、内网消息发布或者以上所有渠道，那么要将你关于创新的消息及讨论都整合进去。如果你希望使创新成为主流，那就使用你们企业主流的沟通渠道。
- 找出特定的沟通工作中的高层管理者，使得他们能够创造和分享关于创新的消息。领导们关心的问题，同事们也同样关心。促使领导主动和真诚地参与到讨论中。当然，要想做到这点，要先将他们纳入创新工作中（我们会在第 9 章详细讨论）。
- 在外部交流之前先建立成功的内部交流。避免太早给出承诺。通常一些组织在实施之前就会宣布。当然这对于通常的商业产品发布或商业行动是没有问题的，因为你基本可以确定时间和结果。但是，对于那些新的机会或想法就不一定可行。你是否要吹捧你的创新一定能够成功？当然是，只是要在吹捧之前确定你已经拥有了它们。

记住这些做法，通过广泛的传播媒介进行内部交流，突出市场成功及促成这些成功的人员的个性化故事。此外，你的日常交流也可以将创新维持在突出位置。如果没有这些行动，创新工作就会在组织内居于次要位置，甚至可能会在组织内消失。

领导层参与及决策

离开了领导者参与的创新工作是无法成功的。我们在第 9 章会详述这一主题，但是为了总结一些关于这个重要话题的关键点，我们在这里简要说明 3 种促使领导者参与创新的方式：

- 与领导者一起进行创新工作；
- 使领导者以发起人和决策者的身份参与创新工作，并让其帮助扫除工作中的障碍；
- 将领导者的地位放在创新的突出位置，从而通过可见的领导参与和支持强调创新的重要性。

领导者进行协作创新

在每个主要的创新工作中构建常态化的论坛和机制。例如，你可以有目的地使领导者参与创意构思。要确保领导每周都能够参与其中，和团队一起学习新的知识并为实现目标而奋斗。

在实践中，该方法超越了领导传统的工作模式——对工作进行是与否的评判。这种方式让领导者主动参与整个工作进程，塑造机会并构思未来的创新。这个过程既能够促进你的工作，同时也能加深领导对创新工作的理解、强化领导责任感。

这个方式使得领导者参与创新的实际运作，所以他们会对工作有一个深刻的理解，你们的组织也会从他们丰富的经验（不论是成功的还是失败的）中受益匪浅。重要的是，由于不断地吸取领导丰富的经验，最终产生的机会和渠道会更具稳健性和黏性。要牢记的是，无论是对实践者还是管理着，创新都等同于新的学习。

领导者作为创新工作的发起者

作为发起人，领导者可以协助指引组织的前进，确保你已经创造了成功所需的先决条件，例如使你有权利调用合适的内部人才，或者帮助你接触客户并咨询外部的专家。

在 B2B 的组织中，来自 CEO 团队的成员可以担任发起人的角色，确保团队初始项目的纲领已经构建完成，从而保证高层团队能够清楚地了解项目并给予支持。在数月的工作中，发起人还需要协调团队与其高层成员间非正式的交流，使团队可以将自己的突发奇想或脑海中的机会与高层分享。对团队来说，这些过程很宝贵，提供了重要的视角，确保关键的决策者理解并支持新理念发展的基础学习。

发起人还应该担任管理和决策的角色。当然，组织不同，直接管理所采用的结构也不同。如果现任领导者对创新工作相对比较陌生，那么组织可以选择建立一个明确的领导者组织，比如创新委员会或创新领导小组来倡导、指导及引领创新。

当创新融入组织正常的运转程序后，管理任务一般就会转移给现任领导层团队，比如你的执行委员会、地区领导团队或业务部门领导团队。如果创新工作已经成为主流，领导者必须有所警觉，确保日常经营决策和预算选择的依据不仅仅是创新工作。

将领导者放在重要位置，强调创新的重要性

通过我们叙述的协同创新者、发起人及管理者的角色，领导者表明了创新对组织的重要性。除了这些角色，领导者还可以做很多事情以证明创新的重要性，例如，联合健康集团的高层团队特别建立了公司年度创新日活动，在创新日的早上，公司会挑选一些创新者与高层共进早餐。除了这一天，你还会经常在公司创新中心见到首席执行官及其团队的成员，并且偶尔还有创新团队。他们被认为是创新的主要内在发起人。他们交流并进行传播。

组织结构

如果其他问题都准备就绪，结构是你需要解决的最后一个组织要素。在一些情况下，组织一般不需要或不去进行结构的变革。他们会建立可以与现存过程相吻合的流程、技能和工具；确保评估和激励因素都到位并且匹配；并以高效的方式使领导参与创新工作。

在一些情况下，创新需要在组织边缘进行一些结构变化。例如，建立一个小型的集中或分散的创新精英团队（Center of Excellence，COE），协助组织的其余部门并积极传播工具和技能。但是组织往往更善于学习如何先将工作做好，而不是在没有这些经验的基础上为创新进行组织重构。

结构化的机制

在组织建立和强化创新能力时，他们可能会用到以下一些结构化的机制。

创新精英团队。这个结构包括了一个集中型或分散型的人员集合，这些人员是组织创新的专家，或者称为“黑带”。这些专家可能协助组织填充渠道，延伸或强化创新能力，以及协助扩大创新在组织中的实施范围和影响力。

精英团队成员通常由全职和兼职员工构成，并在与组织相关的创新目标、环境、结构上有足够的经验和知识。我们发现，若仅包含兼职人员会增加创新能力萎缩的风险，而将全职人员纳入团队有利于维持高水平的创新能力。

针对创新结果的定向重组。例如，当组织决定去追求一个平台或机会时，它可能会创建一个由具有娴熟技能的专职人员构成的组织，去进行已设定的创新计划的实施和商业化。

这种类型的结构调整将重点放在商业化上以实现市场绩效。但是，它不能充分解决技能强化和创意发展方面的深层次问题。我们建议组织在构建结构或其他组织要素时要将两者都纳入考虑范围。

创新孵化器。孵化器是用于将资源和重点集中于一个小团体以驱动和实施创新活动的组织结构。通常情况下，孵化器将特定的启动工作转化为适当的商业单元或职能部门，以便下一步的商业化行动。有时，孵化器甚至出现在早期的商业化活动中，极端情况下，孵化器或其部分组织会转化为独立的业务单元并自我构建机会。

采用哪种结构化机制

精英团队和定向重组都适用于解决商业化问题，尤其是当你认为你的组织在产生想法方面能力很强，但是在实施和商业化方面较弱。在实践中，这是由于精英团队和定向重组都趋向于尽早融入组织的主干部门中。

孵化器最适合创新活动的重心远离核心或主流业务的环境，它可以培养和推动那些与核心业务有很大区别的机会。

一般来说，目前有两种在孵化器中成功孕育理念和业务的方式：将业务的衍生物作为一个独立存在的实体；或者从该孵化器转移到组织现存的业务中。无论哪种方式，在孵化器中的理念都需要人力和财力资本的支持。所以，在构建孵化器时必须提前将资源分配过程和管理纳入其中。尤其是想要理念成功地进入现有业务时，就必须要有谨慎的计划及业务部门提前数月的参与，以减少被接收部门拒绝的风险。

实例：组织创新

让我们来看一些关于这些要素的系统化应用的实例，同时关注对特定组织而言，他们为什么能够代表良好的、针对目标的解决方案。

荷兰皇家壳牌的创意孵化器项目

从 1996 年开始，荷兰皇家壳牌的创意孵化器（GC）项目成功实现了以下几项突破式创新：

- 浮式液化天然气（Floating LNG）：一个直接将液化天然气输出到海上容器的创新系统，从而降低成本，减少对海底管道和大型陆地设备的影响。
- 膨胀橡胶封隔器（Swellable Elastomers）：一个使用橡胶的新方案，即当橡胶潮湿后会自动膨胀，阻止水流入油井。

作为创新孵化器的一种，GC 是“由自主团队运行的一个简单、灵活且适时的创新流程”。它吸引来自壳牌内外部的颠覆性创意和技术，其领导鲁斯·孔塞尔说 GC“如天使投资人的功能一般”。GC 的目的是为企业内外部创业者提供一个展现创意机会、一定的资金及创意的进一步发展，以使它通过概念验证。创意的来源横跨不同的组织层级，或者更准确地说，来自任何人、任何地方、任何时间，甚至包括组织外部。

创意孵化器属于研发组织，它拥有十几个遍布在全球范围内的团队成员，一个内部的“创意孵化器成员网络”，以及一个占总研发费用 2%的年度种子资金预算（一个巨大却精益的数量）。GC 的领导者相信精益求精是促进他人领会突破性创新价值的关键所在。

为了获取创意发展的有利资源，提交给 GC 的计划创意必须具有颠覆性（改变游戏规则），并且有可能产生实质性的影响，考虑到公司的规模和投资意向，这是很高的标准。整个过程管理有效，公司保证在一周之内，任何提交创意的人都会得到回应。一旦创意被批准进入 GC 过程，就会有一个支持性的 GC 团队成员（“主办者”）和创意的提出者一起工作，为他提供流程、工具、指导和资金来发展商业逻辑并对其创意进行概念验证。

GC 对创意“提出者”的支持是“免费的”。作为回报，最初的创意提出者承诺与 GC 团队一起发展该创意，同时要保持和完成其在壳牌的当前工作。这样的安排形成了具有吸引力的并且能够同时降低双方风险的措施，一段时间之后它可能发展为预示变化的佐证，使我们能够有更多的时间处理精准的数据。

在某些情况下，一个创意的起点会反映出有关客户需求的重要洞察力，但缺乏可用技术的专利权；或者有时也会出现相反的情况，有可利用的技术但没有清晰的客户价值主张。

推动创意的发展所需的时间可能是几周，也可能是一年，时间的长短取决于机会的本质。允许一个机会走出 GC 并进入业务单元接纳程序的标准是，通过验证的理念已经达到 GC 和某个业务单元的标准，该业务单元会接手理念，负责推动理念的商业化过程。

当然，在此过程中也会有碰撞和摩擦，包括该理念能否满足特定关卡的具体标准的争论。鲁斯和他的团队监控着 GC 投资组合范围内所有具有发展前景的商业理念的状态，特别是 GC 流程中每道关卡的时限。在一个特定关卡中滞后的理念有时会得到额外的资源以推进流程的发展。除了参与一个特定机会外，GC 投资组合的定期监控会对当前工作和存在的挑战提供"根源性"的评估。例如，最近 GC 团队已经发现可行的发展渠道——进入市场的渠道一直都是很多商业理念面临的困难。

由于 GC 的角色尚未拓展到商业化流程中，故你可以认为 GC 是一个"准孵化器（quasi incubator）"。这些活动由壳牌业务单元或者壳牌外部的合资或联盟企业负责。GC 在前期的开发工作上表现非常优异，尤其是在开发理念和验证理念的工作中。然而，GC 也一直面临着其他孵化器系统常常遇到的问题。比如，GC 团队和业务单元会针对特定理念的商业准备情况产生分歧。

GC 是目前壳牌内部运行最长的流程和结构之一。最初，它在多个业务中以分散的单元开始工作。现在，它已经由单独的团队在全球范围内进行领导和管理。在其发展过程中，GC 经历了 3 000 多个创意并为壳牌成功推进 200 多个项目。与任何其他高性能的系统一样，启动 GC 也需要通过具体组织元素的系统性设计，这些元素相辅相成，如表 8-1 所示。

表 8-1 壳牌创新孵化器成功的系统性组织元素

元　素	描　述
流程	• 提交、评估创意的明确规定和管理的方案，并能够将创意从理念阶段推进到业务单元验收阶段 • 非正式但可被广泛接受的途径，可以吸引那些有兴趣对某个机会进行商业化的业务单元
技能	• 通过“经验丰富”的创新孵化器项目和特定的一系列工具和方法，GC 在“工作中”训练，强化创新能力
指标	• 对适合创新孵化器项目的创意类型进行清晰的界定 • 阶段性地追踪流程中消耗的时间；结果常常用来识别需要多加关注或搁置的具体理念
结构	• 由 GC 专家组成的全球的、集中的、网络式团队，部分是长期合作，其他是在短期任职后转向其他机会 • GC“校友”通常选择性地支持一个特定理念；对内部企业家而言，GC“校友”通过鼓励他们向创意孵化器项目组提交创意，扮演着主动的、非正式的指导人员的角色

惠而浦公司的 13 年创新实践历程

南希·坦南特和穆喜思·诺拉纳记录了惠而浦公司的创新能力提升过程及创新实践历程，我们在这里就不重复了。然而，我们将会重点说明惠而浦公司是如何在不同的时间内，用不同的方式有效利用多重组织元素的。

早在 2000—2001 年，惠而浦公司在全球的主要地区，北美、欧洲、拉丁美洲和亚洲等地建立了创新精英团队以支持惠而浦创新工作、提升创新能力。每个精英团队由 6～12 名实践者组成，这些实践者非常了解惠而浦的“三重钻石”创新流程，他们训练有素，拥有操作工具和实践技能。这些实践者在惠而浦旗下的各个品牌中工作，促进旗下品牌丰富创新渠道（Innovation

Pipeline，I-Pipe），实践者通过区域创新委员会在品牌和区域双层来前瞻性地跟踪和管理这些工作。创新委员会由区域领导人组成，区域领导人负责整体设置和资源优先级分配，包括创新。委员们每月会面，探讨创新渠道的不足，以及创新能力和结果方面存在的问题。委员们、相关业务单元与精英团队成员一起参与某一特定的项目或解决某一特定难题。

为了促进业务单元的工作更整体化，进一步增强创新，不断扩展产品和理念的发展，惠而浦公司在一段时间之后取消各区域的精英团队，并将创新专家分派到业务单元，由此将创新推向了主流。创新委员的工作直接转移到每个区域的执行委员会，使创新成为执行委员会日常工作中突出的一部分。这些转变有利于业务的整合，同时也具有一定的风险，即创新工作可能会为紧迫的、熟知的日常工作所掩盖。

几年之后，惠而浦意识到需要做一些反馈性工作以维持对创新的适当关注度和保持创新实力。惠而浦又重组了小型区域集中化的创新团队（由 2～4 名精英团队成员组成）。这些创新团队由一位区域创新总监领导、由全球创新总监穆喜思·诺拉纳进行全球范围内的协调，但创新领导决策和问题仍然存在于原始的业务单元和职能型领导结构中。

2010 年，惠而浦开始进入创新能力强化阶段。为了加强技能集合和区域创新渠道，以及提高组织对某些话题的热情度，惠而浦启动下一轮的创新能力建设和渠道增强项目：针对特定主题的目标性项目，使用增强并扩展的工具集合和精英团队内外部的技能集合。实际上，这是为了激活惠而浦公司创新能力与创新文化而专门设立的项目。

惠而浦是长期构建创新能力并一直进行创新的典范。在某种意义上，这种创新能力无异于组织的其他关键能力，它需要用心工作且持之以恒。

表 8-2 总结了惠而浦促成创新的系统性方法。

表 8-2 惠而浦公司成功的系统性组织元素

元素	描述
流程	• 与目标相吻合的流程，该流程贯穿创意从起始到商业化的整个过程 • 明确的“测试—学习—迭代”试验流程
技能	• 测量、评估并根据熟练程度进行分类
指标	• 根据地区划分投资组合，包括风险调整预估收益和每个阶段（包括试验阶段）的若干理念
领导	• 定期在区域和企业层面上审查创新结果和正在进行的活动 • 每年进行全公司的高层领导会议，讨论创新焦点、创新状态和创新结果
结构	• 一个小型的、核心企业创新单元，该创新单元含有每个地区市场内业务中的其他资源 • 正式确定的名单：区域创新主管、创新指导者
激励	• 领导层的可变薪酬中一部分由创新绩效决定 • 专业创新人员的报酬也基于创新绩效

绘儿乐与其发展平台

绘儿乐公司创新组织的形式和壳牌、惠而浦公司及其他很多公司都不同。绘儿乐将优先域作为组织的核心重点，“域”指那些“发展性的平台”。

绘儿乐的发展性平台包括详细描述了一系列机会和实施行动的迁移路径。当公司实现了卓越成功（其顶线增长速率提高大约 50%）之后，他们开始考虑通过哪些具体的组织行动继续维持和保证他们的成功。

经过广泛的内部讨论和对话，公司选定对其将来成长至关重要的发展平台，并围绕着发展平台组织其大部分市场部门。公司分派损益部门领导者和团队全职负责各自指定的收益和利润目标，并且使用规范化的方式进行平台转移工作。

损益部门的领导全面负责这项工作，并且与由财务、运营及供应链中其他部门所构成的团队进行合作。绘儿乐的创新总监扮演着由他自己一个人构成的精英团队，协助平台团队构建机会，适时更新和详述机会，并将平台上新生的创意推进为可执行的商业项目，在整个过程中始终保证不丢失创新的本质。

该系统（见表 8-3）中独特的价值生成特点由平台进行组织，其中包括对损益部门管理结构进行调整，使其与平台一起面向市场。这个调整具有重大的意义，它给组织传递了一个有力且明确的信息：管理部门有坚定的决心使每个平台取得成功。

表 8-3 绘儿乐成功的系统组织要素

要素	描述
流程	• 绘儿乐新产品开发和价值传递系统中明确的前端创新技巧
技能	• 对平台管理者进行迁移路径的开发和管理的培训 • 创新领导者作为创新技能集合的支持结构及发展性平台战略的维护
框架	• 由发展性平台追踪的投资组合
领导	• 日常的平台和投资组合的讨论，也可适当调整
结构	• 通过发展性平台（域）进行组织，并且拥有各自的经济职责和目标 • 在各个平台中纳入整合的业务团队 • 创新领导者在组织内促成学习过程，并且扮演着创新流程管理者和指导者的角色

联合健康集团和精英团队

联合健康集团分别设置了公司和业务单元级别的精英团队实施创新。业务单元精英团队由相应的业务领导团队进行管理，布兰登·罗贝里、梅瑞狄斯·巴拉茨和瑞安·安布鲁斯特领导的企业精英团队由创新委员会进行管理，该创新委员会由各业务高层领导者和精英团队领导团队组成。

医疗保险部门的精英团队由杰夫·舒曼特领导，威迪·拉曼负责领导员工和单个业务精英团队。如同企业的精英团队一样，每个业务精英团队配备由4~12个跨部门的人员构成的创新团队。杰夫和威迪负责开发与他们相应商业领域相匹配的可持续性和突破性的机会。

在企业层面上，布兰登、梅瑞狄斯和瑞安负责开发和测试新的突破性商业领域，将各理念进行整合并在市场中测试。创新委员会指导并管理他们的工作，包括制定种子资金的分配决策。

企业的精英团队也负责那些无法归类为某一商业领域的理念，同时还会考虑联合健康集团创新挑战流程及企业层面的创新活动，如年度创新日活动。最后，企业精英团队担任创新管理者的角色，确保一致的工具和方法、培训及广泛的技能建设（见表8-4）。

表8-4 联合健康集团成功的系统性组织要素

要素	描述
流程	• 一个能够实现特定领域内的业务计划和市场内部试验的前端创新流程 • 集中于特定创新挑战的创意管理流程
技能	• 为每个创新项目进行内部培训 • 在企业单位的管理下，在公司内部共享创新框架、方法和技能
结构	• 企业和业务单元创新委员会 • 年度创新日，重点关注成功、学习及创新比赛中的参赛人员

每个精英团队都有用于支持创新工作的流程和框架。其职责包括：

- 发现值得开发和调查的领域作为潜在发展空间；
- 通过前端流程开发业务和投资提案，并使之成为一个具体的商业计划和资源需求计划；
- 设计并领导市场内的“测试—学习—迭代”的试验过程；

- 建立内部和外部创新网络以创建创新文化；
- 在业务单元或企业层面上，设计并领导结构性的创新挑战；
- 确保适当的管理。

每个精英团队的多层面章程都是独特的。普遍来讲，精英团队的章程更多地限定并集中在“流程”的支持作用。业务单元和企业的精英团队作为独立的个体运行，并且对创新有不同的关注点。联合健康集团的方法效果显著，其原因主要是集团的高层管理者对系统性创新的有力承诺，以及一个强大、富有经验且多样化的创新管理团队。

小结

- 不断地在组织中进行改革，使创新成为一项准则。组织被构建成适合于进行精确重复性工作的形式，显然，创新需要与众不同的思考和行动方式。要进行创新就需要对组织的形式不断进行调整。只有改变组织内的工作方式，才能改变组织文化。
- 在你思考和开始组织变革时，要谨记创新设计原则，以实现你的创新目标。合理利用这些原则可以让你在创新工作中有效地应对挑战。
- 有效的组织变革需要的不仅仅是结构上的变化。在开始调整时要进行系统性和整体性的思考。设置一套有补充和增强作用的行动以达到最佳效果。
- 领导者积极参与整个创新过程是成功的关键。使领导成为协同创新者，同创新人员一起进行创新工作。使领导以发起人和决策者的身份参与创新工作并扫除前进道路中的障碍。
- 除了本书和其他创新书籍中提到的实例，如果你了解到其他组织在追求创新，请向它学习。

Chapter 9

第9章

领导创新

在驱动、指导和促进组织的创新工作时，领导应该扮演什么样的角色？

就领导的角色和实现组织的创新目标而言，如何建立高效的领导议程？

领导层如何在“什么样的”创新和“怎样去”创新两个方面达成共识？

如果不是高层领导，那么应该怎样引领创新？

在创新条件不理想的情况下，怎样做才能帮助组织推动创新的发展？

当领导不能充分领会可持续创新的意义并且不支持进行持续创新时，所有的创新技术、流程、指标、其他组织元素、完美的设计是无法形成可持续创新的。如果组织非常想要实现突破式创新，那么领导必须在行动中扮演重要的角色：将创新工作和成果转化为市场上有意义的商业价值。

成功地领导创新需要应用两大范式中的一个。第一种范式（同时也是最可取的）是将适当的领导者角色融入工作当中。

这并不是老套的领导者的形象：在会议室里对幻灯片上列举的建议表示赞成或反对。相反，创新中的领导需要亲自参与项目的全过程，以确保对创新工作、创新目标、创新方法达成共识。

领导的第二种范式更像一种基层的活动。它需要领导者是这样的：在预算、资源等方面没有权威的地位；无权对组织创新方面的工作制定决策。

当高层领导还没有打算进行创新时或者当创新的说辞和实际情况不符时，这种基层的活动能更好地发挥作用。在这种情况下，你可以采取很多有效的行动。有些行动在本质上具有递增的关系。如果你所采取的行动集中度很高，那么你就可以逐渐从一系列组织良好的、领导得当的、能对组织产生影响的工作中受益。随着时间的推移，你的努力可能会使企业真正意识到创新的重要性并将创新工作放在首要位置。

从高层领导创新

我们从高层领导的角色开始分析。如第 8 章所述，领导在创新中充当着：

协同创新者（CoCreator）。领导人参与工作的设计，设定工作的内容。因为创新产生的成果对组织来说是全新的，所以如果领导不是以协同创新者的身份参与创新，那么在项目的发起和决策阶段就不能有效地发挥其领导的作用。

发起人和决策者（Sponsor and decision maker）。领导人发起并推动创新工作的开展，使其获得成果。他们清楚地知道创新工作能够带来什么。在创新的过程中，领导者会清除障碍，消除壁垒，帮助大家理解并突破一些传统观念——头脑中的障碍、以传统智慧的形式表现出来的障碍、思维定式。

可见创新支持者（A visible advocate for innovation）。除了特定的创新项目外，领导们还会出席诸多其他活动，比如，国家级和地区级的销售会议、与主要客户和供应商的论坛、内部的交流会等。即使在这种类型的论坛中，虽然领导们只是参与了短短几分钟的时间，但是这种参与有助于在以后类似的会议中，提醒组织创新仍然是一项首要任务。

形成一种共享的、统一的观点

如果能与领导在创新目标和创新方法上达成共识，那么领导就能充分地发挥其在创新角色中的作用。达成共识是需要时间的，不可能一蹴而就。这需要不断与领导层进行沟通、交流。当你们就创新目标和方法达成共识之后，接下来的讨论将会深化他们的理解并使他们的观点更加统一。

特别要对以下 3 部分内容达成一致的意见：

- 一个与自身组织情况相适应的创新定义；
- 从创新工作中获得的具体成果；
- 实现成果所运用的方法。

一个与自身组织情况相适应的创新定义

除了将创新定义为“将创意成功地商业化”，你也应该用一个详细的定义帮助你阐明创新工作。刚开始，你或许需要参考在第 8 章列出的一些标准：

- 满足重要的、尚未被满足的需求，解决重大的矛盾，缓解焦虑；
- 与现有的产品或解决方案相比，要有所区别；
- 从组织和合作伙伴的能力与战略资产方面吸取力量，利用这些力量使自己脱颖而出并获得成功；
- 对经营业绩产生实质性的影响。

这个想法是为了设置一些可以判断组织创新是否成功的标准。换句话说，每位领导者都会同意使用标准来判断某一机会是否与组织的创新意图相匹配。

就这点达成共识之后，领导者就可以更好地对组织创新工作做出评估：是已经步入正轨了，还是仍有不足之处？因为是按照标准对工作做出衡量的，所以这些指标将会更精准地反映你的进步程度。这些标准能使团队快速准确地抓住工作的重心，所以，对任何创新团队而言，都是百利而无一害的。它还可以使组织的创新目标与其发展规划统一起来。

因为创新的定义对创新能否取得成功有着至关重要的作用，所以我们会不断修正创新的定义。虽然有很多组织在创新的界定方面并没有在其内部形成统一的观点，但是可以发现他们还是把创新当作首要任务并投资大量资金支持创新工作。他们将工作重点放在建立创新渠道、强化技能、使领导关注他们的工作等这些方面上，而不是努力在创新的界定方面达成共识。在这种情况下，创新的进展就会十分缓慢；甚至会永远偏离轨道。

从创新工作中获得的具体成果

在年度报告会、股东会或其他公共论坛上，领导者在有关创新重要性的公开声明中很少涉及目标成果的细节。那么内部讨论是什么样的呢？领导会对优秀的创新成果进行具体的分析说明吗？通常他们是不会这样做的。领导的作用是让大家形成共识，并且确定所要实现的具体目标。只有这样做，才能获得组织内每个创新小组的拥戴。

你想要从创新中获得什么具体的成果？是核心业务/相近的其他核心业务/核心业务外部的产品集还是服务理念？或许，你并不是想要寻找某种单一的产品，你只是希望通过使用域来保持渠道的饱和状态。或者，你在思考是否要将重点放在后续市场创新上？是不是组织能力？如果是，什么构成了组织的这种能力？是流程和工具、技能、整个创新系统还是体系结构？

或许，你想要获得以上要素的部分组合或全部的要素。

实现成果所运用的方法

任何成功的项目都需要健全的组织结构和详细的工作计划。当然，创新也不例外。领导小组应该形成共同的观点，确定工作逻辑和工作方法，并坚信该工作方法可以帮助他们实现目标。

我们所谓的逻辑指工作构建方式背后的根本原理：与项目规模、领导的角色和参与度、时限、所需要的资源等方面相关。通过与其他设计做对比，选出最好的。你必须从足够多的细节角度全面思考你的设计，以任何其他可供选择的设计与已选择设计的对比作为切入点进行分析。如果领导不认可你的工作方法，他们是不太可能尽全力来支持你的创新工作，为你清除内部障碍的。在这种状况下，你的工作将会变得十分艰难，工作目标也很难实现。坦白地说，如果没有领导对所进行的创新工作的支持，那么员工是否能顺利地完成工作就只能看运气了。

当对创新工作、创新成果、创新方法形成统一的认识后，领导就能发挥其协同创新者、发起人和可见支持者这 3 个角色的作用。在组织内部创新工作中有领导层参与的议程上，不断地与领导进行沟通，你就能获得成功。领导不可能在一项创新项目中花费很多时间。相反，他们会在 3 个角色的范围内对你的工作提供一些指导和帮助，推动该项工作的顺利开展，帮助你获得成功。通过这 3 个角色，领导将会摆脱以往“审查、批准、否决”的旧工作模式。

促使领导参与创新

怎样才能使领导有效地参与创新工作呢？在更具变革性的创新工作中设置领导的行为和角色时，下面这3个核心原则应该会对你有所帮助：

- 全身心地参与；
- 通过交流，达成共识；
- 3分法。

全身心地参与

让领导参与洞察力的形成、创新机会的酝酿、创新试验计划的制订和其他与创新内容相关的工作，是确保取得成功的最好方法。这种类型的参与直接与领导创新中最重要的角色相匹配，也就是协同创新者。它可以使你摆脱以往通过“审查、批准、否决”，用投票决定是否开始一个新项目的复杂的工作模式。

事实上，当领导通过集中的、亲身参与的学习方式强化他们的协同创新者的角色时，你就不会将你对创新工作的评判仅仅限定于最终的输出。相反，你还可以请领导帮助你塑造理论的演化过程。假设你的全新理念在目标市场上通常的价格是3美元，而你预期该理念的价值可以达15美元，那么就可以把这个新的理念递交给合适的领导小组，并同领导们一起理出工作的逻辑和结论。思考如何通过新的渠道合作伙伴传递你想传递的新价值。从他们的角度出发，在候选人中挑选出适宜的领导小组的成员。当不得不通过新商业理念中的关键元素对理念进行梳理时，一定要让领导参与这个思考过程，而不是自己简单地提出结论，期待领导能够赞同。

通过交流，达成共识

创新需要新的知识和新的视角：关于客户未满足需求的洞察力、失望、不必要的妥协、核心竞争力的了解及以上每一点提供的具有独特优势的方式等，这只是其中的一小部分。这些洞察力是对特定机会形成自己的见解的基础。

领导需要通过定期的交流和讨论，参与这些观点的形成过程。通过与领导层的交流，可以获得更好的洞察力机会。与领导层达成了共识，使本职工作获得更多的动力和活力，这一点也很重要。如果忽略与领导间的沟通，就会回到以前通过举手表决对创新进行投票的模式，这对创新是很不利的。

3 分法

在理想状态下，你可以在与整个领导团队就工作成果、工作方式等方面达成共识后再开展工作。然而，现实社会中，在开展工作的初期，组织内部的所有成员很难 100%就创新工作的各个方面形达成一致观点。

事实上，你并不需要所有人都能够理解你的想法。只要在项目初期获得大约三分之一领导的支持，就足以开展工作。即使大约三分之二的领导持观望态度，其余的领导人持反对意见，你仍然可以从一个“还不错”的起点开展工作。从广义上讲，通过勾勒出一个好的设计、确保智能的资源、在工作中考虑其他两条原则，你就已经具备了成功的条件。但是，如果没有通过 3 分法的测试，你就应该谨慎行事，多想想用什么方法可以至少达到入门级别。在这些情况下，用这些方法使领导们深度参与工作方法的设计过程和创新的审查工作——侧重于在创新障碍和解决方法上形成一致的领导观点。

领导参与创新的例子

我们来看一个例子：在以识别新发展型理念并以针对理念采取措施为目标

的具体的创新方法中，领导是如何发挥自身作用的？要记住，任何方法都要在与之相匹配的条件下才能发挥应有的作用。目标和创新能力的成熟度不同，创新的过程设计就不同，贯穿目标始末的方法和具体的领导参与议程也会不同。

图 9-1 描述了一个创新设计的例子，其中包括为了创新，在市场内做出的一些调整。该创新设计的目标是研发新产品和新的服务理念，并使其成功商业化。我们假设一些理念在全面商业化之前，要进行试验性的学习；而另一些就可以在市场内直接进行商业化。

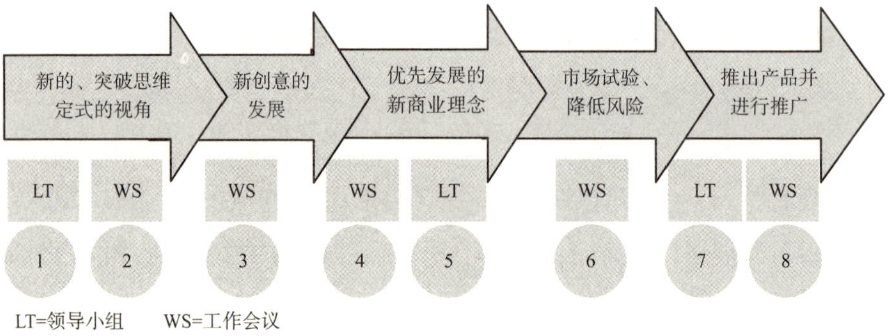

图 9-1　领导参与创新流程的案例

图 9-1 描述了在这个过程与领导可能有的接触点，领导者需要在这些点发挥他们作为协同创新者、发起人、决策者、主动支持者的作用。

下面是一个参与议程的样表（见表 9-1）（更加详细地说明了在各个点应该做什么）。这个例子中的想法是为了给领导层提供结构框架和清晰的途径，让其利用之前谈到的领导层参与的原则，参与到 3 种角色中。图 9-1 已经清楚地说明了工作的整体设计，而表 9-1 只是对领导的参与过程进行说明。你需要根据具体的情况，调整自己的设计。

表 9-1 领导参与创新工作的例子

工作模式	阶段目标	对话内容
LT 1 领导团队工作会议：交流、讨论、得出结论及修正	对领导角色、职责及领导工作方式的期望进行讨论、修正，并就此达成一致的观点	• 对目标成果及根本原理进行审查、讨论 • 回顾、讨论并制定工作规划图，合理安排时间及资源 • 审查领导小组内每个人的角色、职责，就期望达成一致意见 • 提出亟待解决的问题
WS 2 实践者工作会议：领导会参与，与团队一起解决工作难题	分享、讨论并形成新的洞察力	• 理解整个过程（识别、整合框架外的视野并排序），形成自己对新生机会的见解 • 与实践者一起，补充、整合、优化并提出长期工作的进一步的洞察力
WS 3 实践者工作会议：领导会参与，与团队一起解决工作难题	产生新的想法、行动及可行的业务（一系列的想法和选择）	• 用新的、突破固有思维模式的视角及一系列开发新创意的技巧，开发创意，并为此创意的发展提供支持
WS 4 实践者工作会议：领导会参与，与团队一起解决工作难题	选择自己想进一步研发的机会	• 对现有的、最有发展潜力的机会进行优化 • 执行初步的设计，拓展机会 • 确定机会中最吸引人的创新属性 • 确定组织内每个机会下一阶段的探索议程
LT 5 领导团队工作会议：交流、讨论、得出结论及修正	讨论、修正、形成并挑选出新的增长型理念	• 了解被评估、审查的商业理念的现阶段状态 • 就机会的修订和重塑做出决定 • 决定如何进一步地获取资源，进行测试及如何开展其他行动

续表

工作模式	阶段目标	对话内容
WS 6 构造领导与实践者一起进行创新工作，解决创新难题的工作会议	寻找管理和降低理念的风险方法	• 识别代表风险的核心未知因素及需要被填补的知识缺口 • 设计一个快速的、低成本的试验计划来弥补知识缺口、降低风险，以使组织能够不断对商业理念进行迭代 • 决定各项活动所需的资源
LT 7 领导团队工作会议：交流、讨论、得出结论及修正	决定哪项成果可以进行商业化或哪项成果需要通过试验，继续完善	• 回顾工作，确定时间（试验或其他学习议程） • 对机会进行讨论、完善，并决定下一步行动（是否继续进行实践、商业化，是否需要舍弃这些机会） • 就资源和可能的结果组合达成一致意见，并做出决定
WS 8 构造领导与实践者一起进行创新工作，解决创新难题的工作会议	在上市后的学习计划和组织行动方面达成一致的意见	• 从上市后的追踪和创新工作中整合信息 • 在条件允许的情况下，收集商业理念并进行市场迭代 • 决定各项活动所需资源，进而对理念好的方面和影响进行优化

可以看出，这个方法的特点是，由两种不同类型的工作会议构成。

- **“以领导为中心”的会议**：通过实践者和日常工作人员的帮助，领导会对各项投入审查，对各项工作整合，做出选择并制定出下一阶段的工作内容。
- **“以实践者为中心”的会议**：合适的领导会在几个特定的时间段同实践者一起参与创新工作。

如果这两种不同类型的会议能恰当地进行构建，每一种都会十分有效。将以上两种不同类型的工作会议融入你的工作方法，对你获得成功有至关重要的作用。一定要留意这个方法是如何反映引领型创新的核心设计原则的。作为协同创新者和发起人，领导需要专注地投入工作。

这个方法通过反复强调与领导进行频繁的交流，说明了 3 分法的重要性。假设：只有三分之一的领导在项目初期是持支持态度的，还有三分之一的领导承认这项创新是有潜力的并持观望态度。当该三分之一的领导亲自参与项目后，他们的态度就会发生转变，会更加支持这项创新工作。

规范化工作方式和与领导频繁的交流，使得创新工作和成果更容易得到领导的认可。这种方法比其他方法（为了让领导接受工作方式及其成果而在前期进行的无休止讨论）相比更有优越性。在某一时刻，你需要迅速采取行动并使你脱颖而出。

有了这种经验之后，你就可以对给定的创新项目设计出多个可行的设计方案，并根据自身情况，挑选出最适合自己的方案。这就是为什么理解引导型创新的核心原则如此重要。因为这些原则可以指导你有效地设计领导工作。

从高层领导创新：谁抓住了重点

组织倾向于使用“领导”这个词。“领导”覆盖面很广，它包括了高层管理者、中层领导，有时甚至包括了组织领导阶层。在我们看来，能掌控资源、在推动创新和促成商业机会方面能够做出决策的那一小部分人就是领导。

这个想法的目的是建成一个可以快速反应的领导小组。从项目开始到结束这段时间，该领导小组可以为项目合理地安排资源；有能力在项目规模、项目目标、为特定机会提供资金等方面做出决策。这或许是组织最高层领导的职责，特别是当组织探索突破式创新时。只有当首席执行官和组织内最高领导小组都参与项目，你才有机会收获令行业震惊的成果。

或许，由同一部门、职能、业务单元、地区、品牌内的领导人员组成的领导小组才是最适合做最高领导小组的。这一切取决于组织决策体制的性质、项目目标、在此目标下的决策和行动的类型。下面用几个例子加以说明。

惠而浦公司

当惠而浦公司在2000年首次进行创新时，它的目标是在特定的区域内实现其独特的新理念。由每个地区的核心实战领导小组组成的区域创新领导小组以协同创新者、支持者、内部提倡者的角色指导创新工作。他们对创新项目负责，在区域内召开不同的会议，加强与最初创新工作的发起人之间的互动。从地区的层面讲，该创新结构在执行行动和激发创新背后的动力方面是很有成效的。

当惠而浦公司借助于品牌和以功能为基础的工作恢复其创新能力和创新渠道时，区域/业务/品牌/职能领导小组就以创新领导者的角色对创新成果负责，推动创新工作。哪个小组会成为最终的领导者取决于他们独特的议题和业务是不是这项创新工作的重点。这些领导小组对具体的创新项目有决策权，并且首席执行官可以为他们消除前进道路上的障碍。

壳牌的“创意孵化器”

在壳牌“创意孵化器”项目中，“创意孵化器”项目小组对所有的创意进行优先排序，并在预算允许的范围内对资源合理地分配。为了实施突破式创新工作，大多数的组织凭领导经验为需要验证的理念配置资源。与这些组织不同，壳牌的“创意孵化器”小组是不同类型的系统。这个小组有一笔数量可观的年度种子资金，还有来自壳牌研发组高层领导及壳牌公司的大力支持。壳牌和“创意孵化器”系统遵循上文提到的原则和指导方针，以一种独特的、与目标相吻合的方式为组织服务。

从领导的角度看，谁应该负责这些被忽视的原则，应该怎样应对待这些经常被忽视的原则？我们经常发现，组织将创新任务下派给一个创新团队，要求他们实现特定的创新结果，但组织没有给予所需的权利，使得该团队无法为组织活动恰当地提供资源或无法依照建议和成果行事。这种现象为那些言行不一的组织敲响了警钟。

不可或缺的高层领导

或许，领导创新听起来比较简单，但是做起来往往不易。我们经常被问及：“当创新工作失败之后，企业仍然继续进行创新的原因是什么？”通常，失败的主要原因就是在创新工作、创新目标、自己独特的方法方面缺少共享的、统一的理解和全身心的投入。只有领导真正地接受自己作为协同创新者、支持者、内部提倡者的角色，才能提高成功的概率。领导们一定要乐于解决一些答案不是很明显的棘手问题，乐于处理艰难的业务。

领导经常问：“为什么我们不能直接创新？为什么当我们把创新当作首要任务时，它不能像质量/产量那样快速提升呢？”仔细思考就不难找到原因：企业在经营发展的过程中对如何提高质量和产量已经有了比较深入的认识，也有了较成熟的解决方案，而创新是探索未知领域的，企业在这一方面并没有可以借鉴的经验。

美国特种作战司令部内的特别行动研究、开发和收购中心的收购执行官詹姆斯・吉尔茨（James Geurts）告诉我们：“艾森豪威尔（Eisenhower）说过，领导无论是否优秀，都具有传染性。创新也是一样的。”我们非常同意这一点。

来自内部的领导：基层领导创新

当企业没有授权进行创新，而作为领队的自己没有对预算、资源进行支配的权利，更没有能力使组织将工作重点放在创新上。在这种情况下，基层创新可以帮助企业。公司不授权创新的原因可能有以下几个方面：

- 缺少领导的支持及将创新放在企业首要位置的承诺；
- 在创新工作、创新工作目标、构造创新流程的正确方法等方面，缺少统一的认识；
- 太过于依赖顾问，缺乏自主性；
- 认为成功需要天赋，需要有伟大的企业家像布兰森、布林或扎克伯格他们那样的能力，这种观点就是一种误解；
- 日常的压力，使得紧急的事情取代了重要的事情；
- 创新工作一旦受到了束缚，人们就会选择停止进行该项工作。

以上几个原因听起来熟悉吗？如果以上情况与你组织内部的情况很相似，那么用基层创新来带动企业发展是最明智的选择。

基层创新的基础性原则

壳牌“创新孵化器”项目的流程和创新系统中包含了几个基础性的原则。“创新孵化器”项目部的鲁斯・孔塞尔认为正是这些基础性的原则使“创新孵化器”项目能够长期运行，并且获得成功，继而成为公司普遍适用的流程。“创新孵化器”项目在公司研发小组领导大力支持的基础上，逐渐发展成一个公司范围内（非常著名）的系统。我们相信“创新孵化器”项目的这些基础性原则可以强有力地支撑基层创新的初始阶段及发展阶段。这些原则包括：

- **开放性和透明性。**组织内外的任何人都可以递交自己的创意。通过一系列的步骤使整个流程透明化，这些步骤包括领域聚焦、评选标准、分派角色（特别是提交创意的人的角色）。
- **没有层级限制的合作。**从一开始，创意的创始人认为这个流程可以帮助他们完善最初的创意。鲁斯说："同行评审程序就像亚瑟王的圆桌。没有层级之间的限制……如果同行认可你的创意，你就会很开心；如果创意被拒绝了，你也很感激同行认真考虑了你的创意。"
- **资源吸引力。**"创新孵化器"项目的流程吸引了很多资源：基于客观评价的创意；以市场为准的原则。最终，他们能够为每个创意提供一个内部市场。
- **实践中学习。**"创新孵化器"项目的领导人这样说过："尽管每隔一段时间，就会有一个较好的创意出现，但是事实上，大多数具有变革性的创意都需要创建一个学习的机会。只有通过实践进行学习，才能使隐含的假设浮出水面，才能处理和评估这些假设。变革性的创新需要尝试不同的创意，但同时也要很快地辨识出哪些创意是需要丢弃的。"
- **一场持久的运动，而不是短暂的时刻。**从一开始，"创新孵化器"项目的发起人有意将该活动提升为公司范围内的流程。因此，作为一个开放的系统，他们认为自己的工作是一场具有改革意义的运动。因为有一个卓越的目标，所以这项工作吸引了很多优秀的资源。因此，他们坚信未来一定会更加美好。

壳牌创新和研发执行副总裁兼首席技术官杰拉德·肖特曼（Gerald Schotman）说："从 1996 年开始，'创新孵化器'项目已经为 3 000 个创意提供了资金支持，投资约 3.5 亿美元，开展了 250 个商业项目。"这些成果给大家留下了深刻的印象。并且，壳牌 40%的核心探索和研发部门的产品组合来源于之前提交给"创新孵化器"项目组的创意，其中 70%的"创新孵化器"

项目产品组合是与公司外部人员合作进行的。

你可以用相似的原则来组织、推动基层创新工作，设立支持体系。下面，列举几个可以推动基层创新工作的其他类型的结构框架。

一些基层的方法

一些基层方法有时可以在没有高层领导支持的情况下，在组织内部推动创新工作。或许它们不能帮你在行业内实现突破式的发展，但可以为你提供其他方法，推动组织快速发展。

- 业务单元或职能明确的项目；
- “前沿创新”方案；
- 小范围的、短期爆发的创新。

业务单元或职能明确的项目

为了在业务单元（BU）和某项职能上实现突破，组织可以选择一些集中的、组织化的、目的性很强的小型创新工作。举例来说，某一创新工作的目标是为了搞清楚技术信息部门是如何通过对社交媒体的高效监视，在收集消费者洞察力方面取得卓越的进步的或者单纯地用创新发展某一品牌下某种特定的产品或服务理念的。

对于这些类型的项目，你可以组织一个行动敏捷的精英小组，选用一些创新技术和适当的途径快速而高效地解决难题。在特定的条件和适当的范围内部署高度集中的工作，推动创新的发展。

创新工作需要设计，需要全面的规模管理，这样团队和准成员才能够在创新主题和创新发展方面有所作为。或许职能和水平较低的领导小组经过恰当地构建也足以完成这件事。由定义可以知道，在适当的范围、规模、设计和管理下，并不一定非要从组织的高层才能开始创新。

如果你选择这条路径来实现创新，那么请保证：

- 审视整项工作，这样你和你的决策小组就能对主题和所形成的选项做出抉择；
- 在适当的范围内，开展一项快速有效的创新工作；
- 将获得的成果与组织内的其他成员分享，让大家了解哪些目标是可以实现的。

“前沿创新”方案

组织不同，“前沿创新”的形式或许会有差异。有时候组织会通过自己的软件或借助于第三方提供的软件（如 Bright Idea、Spigit、Exago）进行“前沿创新”。在所有版本的前沿创新软件包和相关流程中，小组成员聚在一起，对他们的设备、工作、职能、事业方面设想并制订出多种备选方案。由 6～160 人组成的小组可以用选好的方法组织一场创意大会，并且讨论一个独特的、重点的话题。

快速发展的能力和设定目标的能力决定能否通过前沿创新取得成功。这个方法从一些小型的、快速的、结构化的创新活动吸取容易实现的成果。认识到许多易抓住的机会都可以引领我们实现小型的创新。看起来微不足道的改进经过积累，就会产生质的飞跃。

我们关于“业务单元和职能为焦点项目”的建议在这里同样适用：一个成功可以激发更多的成功，因此，当你获得某项成果时，一定要与大家分享。

小范围的、短期爆发的创新

用特定的创新方法和观点应对特定的创新难题。用相同的模式运用特定的工具和明确的方案，但是采用更加集中的方式，而不是从头到尾由高层领导引领的流程。建议只选取一到两个方法，并按照以下方式应用：

例如：假设你已经描述了人力资源部门和企业 IT 的行业传统观念——为谁服务？提供什么服务？如何提供？为什么这么做？如果要推翻或挑战这些传统观念，那么有什么新方法能够使你更好地服务于这个组织或组织的各个部门，甚至是组织外部的客户？

在很多情况下，这是前沿创新方法的精简版本。几个小团体通过结构化的流程就可以在较短的时间内构造出前沿创新的方法。瞧！组织内部职能、流程、服务等方面都在近期有了改善。幸运的话，你还可以想出几个适用于自身市场、外部客户和消费者的创意。

建议你通过以下方法利用这些小范围的、短期的创新技巧。

- 汇集多种行动和小型创新并筛选出适合自身组织的。
- 在组织内部与大家交流你的工作内容：分享成果及这些小型的创新带来的微妙变化。
- 寻找方法进一步扩展你的创意：当你想出一个好创意时，记得与大家分享。这样，其他的公司、职能部门、零售商就可以借用你的创意进行发展。

获得高层领导支持的创新固然是好的。但是并不是所有的创新都是由高层领导发起的。在引领型创新中加入基层创新方法也是不错的，无论哪种方式，请记住：没有领导，创新就无法进行，企业就会停滞不前。

小结

- 成功的领导学习及参与是最重要的组织手段，要确信创新在组织内部有很重要的地位。如果领导全权委托下属进行创新，那么组织内的创新工作很难顺利开展。
- 领导应该参与创新学习、资源分配和决策。考虑应该纳入的领导应该是那些具有决策权及那些可以资助并为工作中的操作人物分配资源的类型。领导需要发挥其协同创新者、发起人、提倡者的作用。
- 领导学习的重要性经常被低估，有时候甚至被忽视。只有当领导真正理解可以产生特别的新理念的方法和学习，你才能在组织内实现可持续的创新。领导参与创新工作（包括将重点放在学习上）是构建理解及做出承诺的最好方式，特别是当为了推翻公司和行业的传统观念而进行创新工作时。
- 一个有效的领导参与安排的工作内容涵盖了领导需要做的工作（包括输入和塑造），以及领导完成工作的导向（如学习导向、参与导向和进一步的输入和塑造）。
- 如果由发起人发起的自上而下的创新工作和行动不是最优的话，那么就要考虑用基层方法来增加创新工作的动力。这些方法能实现渐进式创新，并且这些渐进式创新能在业务成果和文化上产生累积的、积极的影响。偶尔，这些工作最终也会让发起人的工作和系统获得进一步的发展。

Chapter 10

第 10 章 启动

领导创新项目时，如何开展工作？

项目需要什么资源？需要哪些人员？如何设定目标？

如何解决这些问题？如何评估问题并设计解决方案？

你的老板（首席执行官、首席创新官或首席运营官等）对你说：“我们需要创新，并且已经制定好了策划书，现在我们需要一份具体的执行计划。你回去想一想，我们下周谈谈如何启动这个项目。”显然，你一定会说：“好的，一定做到。”然后掉头走回自己的办公室。整个过程你一直在思考：**现在我该做些什么？我如何解决这些问题？**

在刚才的一幕中，高层领导人意识到他们需要的创新不是一次性的或偶然的创新，而是系统性的创新。他们并不清楚该如何开展创新工作，因此将这项任务委派给了你。但是你递交的“策划书”无法提供实质性的指导，甚至连所要实现的目标也无法明确。高层领导者要求创新，但“创新”很难界定。与有形的、明确的结论相比，创新的概念显得更加模糊。因此，你的任务就是将“我们需要创新”这种模糊的概念转化为一系列明确的目标，然后你才可以制订合理的方案应对这项创新挑战。

从成果出发，进行设计

在着手去做一件事之前，必须首先仔细思考你想要实现的目标。也就是说，创新项目应该始于思考你最终要获得的结果或要实现的目标是什么，而不是始于设计具体的方案。但是，我们常常看到一些个人和团队直接求助于能告诉他们应该怎样做的咨询公司或商学院的专家们。

我们的建议是，不要轻易相信“专家能为我的难题提供解决方案”。这句话并不是说外部专家的意见毫无用处，我们承认它确实是有帮助的。但是只有对所追求的具体目标有透彻的理解，才能准确地知道求助于哪些内外部专家。常言道，如果不能确定自己的目标，那就无法找到实现目标的路径。在这种情况下制订的方案无法实现预期目标，只能是徒劳无功。因此，你应该首先将工作重心放在确定预期目标上。

下列类型的问题可以帮你明确预期目标和工作的约束条件：

- 我们创新活动中切实可行的总体目标是什么？哪些是长期目标？哪些是短期目标？
- 我们在进行创新工作的过程中，会受到哪些现实条件的约束？需要哪种人才和技术？如何分配他们的时间？需要占用多长时间？需要的预算是多少？人员可以出差吗？他们/我们不能做什么？
- 除了人员和技术之外，我们还需要哪些资源？
- 在这些约束条件下，我们可以采用哪些方案实现目标？能否摆脱这些条件的束缚？如果不能，是否可以更改其中部分约束条件？
- 在工作的启动阶段，应该做什么？

你需要运用迭代的思维过程完善工作方法及项目设计如图 10-1 所示，在迭代过程中可以推断出，在实际情况的限制下，某些最初设定的目标是无法实现的。举例来说，假如你设定的最初目标是提高公司的实力，但是当你意识到领导层不会担负起协同创新者、发起人或可见支持者的责任时，你可以重新确定目标；也可以向上级领导表达意见，征得他们的同意，以确保所有利益相关者都能理解你在选择具体方案时做出的必要取舍。

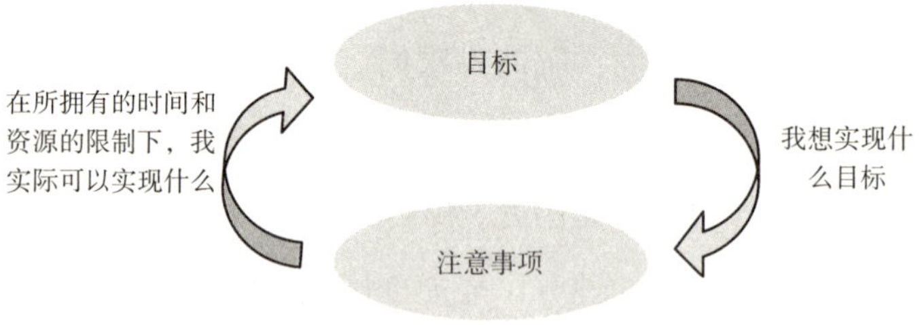

图 10-1　迭代思维完善项目设计

创新成果的类型

领导者的创新目标或期望成果可以分为以下 6 种基本类型：

（1）有更多可以付诸实践的想法。

“我们的想法还不够多——我们需要更多、更好的想法。帮我开发能在未来 12 ~ 36 个月内实现商业化的新产品或新服务理念。”

“帮我加速创新。”

“帮我提高同事的参与度，同时有效地获取他们应对一般或具体挑战的创意和改善方案。”

（2）优化已有的想法。

“帮助我优化已有的想法，使其能够成功地进入市场。”

“我们有充足的创意，所以我们的问题不在于有没有创意。我们的问题是，如何对这些创意进行筛选，决定应该将哪些创意投放市场？”

（3）提高创新活动的战略意义。

“现在所有的创新都是一次性的，我们需要更多具有关联性的创新。”

“从战略的角度出发，用较明智的方法帮我弥补未来 3 ~ 5 年内渠道中的不足之处。”

“让我理解‘战略’和‘创新’之间的联系——虽然我明白他们之间应该有联系并且应该相互协调，但是我不知道怎样才能做到这些。”

“我们需要新的发展型平台来推进我们的创新议程。”

（4）有效地管理风险。

“目前的新创意具有不错的发展前景，但是它也有很多不确定因素。在这种情况下，如何推进该创意的发展？”

“通常，极具发展前景的创意的风险很大，我们的组织不会追求这些创意。

对此，我们能做些什么？”

（5）对产品的后续营销进行创新。

“创新思维及创新工作一直伴随着产品研发的每个阶段，却在其上市时终止，为什么我不在产品上市之后继续创新呢？”

“在不淘汰市场上现有产品的情况下，如何对其进行后续创新，改良产品？”

（6）加强创新能力。

“加强基本的创新技能。”

“培养足够多的创新专家。”

“提高引领型创新领导的能力。”

“重新设计工作流程以求更好地进行创新。”

“构建创新文化，实现发展型目标。”

“为了能够更好地创新，帮我重新设计______________流程（如开放创新流程、阶段—关卡流程、供应链管理流程）。”

在开发与你的特定目标和环境相吻合的方案时，第一个关键步骤就是要做到具体化——从概括性的“我们需要”这样的陈述中引申出具体你想实现的成果。你和你的团队及领导可以以上述6种创新成果作为出发点进行思考，更好的创新是为了：

（1）给我们更多的创意？

（2）将已经存在但仍处于初期阶段的创意引入市场？

（3）确保我们的创新活动和战略紧密相关？确保两者具有战略一致性？

（4）帮我们有效地管理风险？

（5）进行后续创新？

（6）用一定的方法增强创新能力，实现特定的成果？

我们将会在下一部分中介绍一些能够帮助我们实现上述 6 种创新成果中

部分或全部的较直观的方法。该方法与本书曾阐述的方法不同，如开放式创新、快速创新、创新加速器及“市场中的创新”。

请记住：**以创新目标和现实考虑因素为基础而形成的方法才是“正确的”方法。**

为经常想要实现的成果进行高水平的设计

实际上，有些设计可以应对多种类型的创新挑战。如果你和团队具备了一定的经验、技巧、知识，并且对组织文化有深入的了解，那么你们就可以制订出合适的方案。

让我们深入剖析一些具体难题，并用一些可能的设计实例解决这些难题。企业经常想要获得以下 6 种成果。

成果 1：为我提供更多可以进行商业化和规模化的想法

“我们的想法还不够多——我们需要更多更好的想法。帮我研发能在未来 12 ~ 36 个月实现商业化的新产品或新服务理念。”

“帮我加速创新。”

“帮我提高同事的参与度，同时有效地获取他们应对一般或具体挑战的创意和改善方案。”

如果你需要“更多的想法”，我们建议你采用洞察力驱动法。这种方法可以帮助你以突破思维定式的新视角审视市场、行业和组织，从而产生新想法。

图 10-2 阐述了产生新想法的方法。

请注意，使用这种方法之前，你需要清楚地了解目前的洞察力现状，在对现有的客户、市场和组织深入了解的基础上建立破框思维方式。然后运用最有效的“洞察力冲突”类型填补知识缺口，建立新的思维方式。

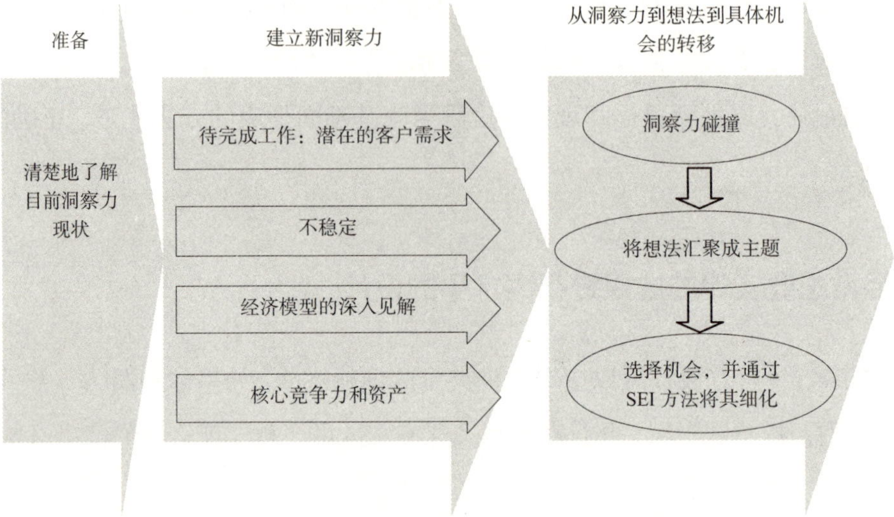

图 10-2　新思维方式产生新想法

在工作的最后阶段，洞察力冲突帮助你产生新想法，有助于将想法聚焦于与某一特定客户群体利益相关的具体主题上，由此帮助你从不同的角度审视某个广泛的主题。有些创意只是独立的个体，并不与其他内容相关。

在重新审视了创意集合和主题集群之后，筛选几个最吸引人的创意并运用SEI 方法对创意进行延伸、详细说明及进一步完善。当然，每个阶段所消耗的时间和每项工作所需的资源会根据具体情况而变动。还要注意的是，图 10-2 所描述的方法及本章后半部分涉及的其他方法，并不是要求你去召开一次里程碑式的会议，或领导层参加的会议，或其他特别的工作会议，而是将这种方法贯穿于整个思考设计过程中，其细节和时间视情况而定。

成果 2：优化现有的想法

“帮助我优化已有的想法，使其能够成功进入市场。”

“我们有充足的创意，所以我们的问题不在于有没有创意。我们的问题是，如何对这些创意进行筛选，决定应该将哪些创意投放市场。”

在某些情况下，你有充足的创意源，但是由于各种原因使这些创意的发展受到限制，致使组织无法将其转化为能付诸实施的理念。或者说，组织的前期创意没有足够的稳定性，以至于无法顺利地进入执行阶段。

图 10-3 所阐述的方法有助于你将创意从“初始”状态转化为更具操作性的状态，实现你的主要目标。

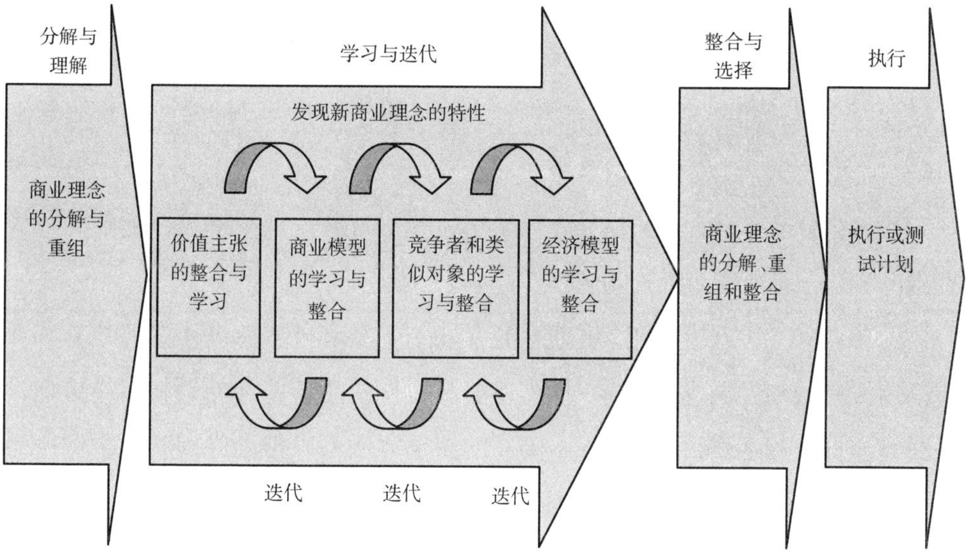

图 10-3 采取行动建立综合的商业理念

这个方法中融入了很多本书已详述的技巧，并且假设你会在新信息和确定关键假设与未知因素的基础上，进行几轮详细的描述和迭代。如果组织已经有了初期的创意，这种类型的设计可以单独作为一个设计方案；或者这种设计也可以作为产生新（初期）创意的“前端”流程中的“后端”。

成果 3：提高创新活动的战略意义

“现在所有的创新都是一次性的，我们需要更多具有关联性的创新。”

“从战略的角度出发，用较明智的方法帮我弥补未来 3 ~ 5 年渠道中的不足之处。”

“让我理解‘战略’和‘创新’之间的联系——虽然我明白他们之间应该有联系并且应该相互协调，但是我不知道怎样才能做到这些。”

“我们需要新的发展型平台来推进我们的创新议程。”

很多行业的领导者说过“我们需要更多的具有关联性的创新”或“我们需要新的发展平台来推进我们的创新议程”，这些话代表了他们对战略性创新的渴望，也表达了其想拥有创新战略的愿望——创新战略是一个框架，其中包含了对公司在竞争市场定位方面的建议，以及在竞争中获得持续性胜利的基本原则。

我们会分享一些从“一次性”产品创新转变为某一领域持续性创新的较为直观的方法，而不是制定公司战略的具体方法。

图 10-3 中的方法注重特定理念的开发，并没有过多地讲述如何建立和详细描述战略域和发展空间。第 3 章描述的圈地技术能够使你的创新工作更加具有战略连贯性和逻辑性。图 10-4 阐述的简单方法可以帮助你摆脱一次性产品创新，并通过建立、详细描述战略域和增长空间，使创新工作更加具有战略连贯性和逻辑性。

请注意，前两步在本质上与图 10-2 中的方法是一样的，第 3 步（包含使用了图 10-4 中的框架）聚焦于产生大量想法，目的是确定更大的发展空间，也就是域。在第 4 步中，你可以运用图 3-4 中的对战略增长空间（或者说域）做出详细说明、进行评估并确定优先级别。该步骤包含的工作如下：

- 制作详细的迁移图；
- 了解目前每个优先领域中的方案（如果有），增强组织活动的一致性和战略的清晰度；
- 通过额外的洞察力工作，深入挖掘特定领域的信息。

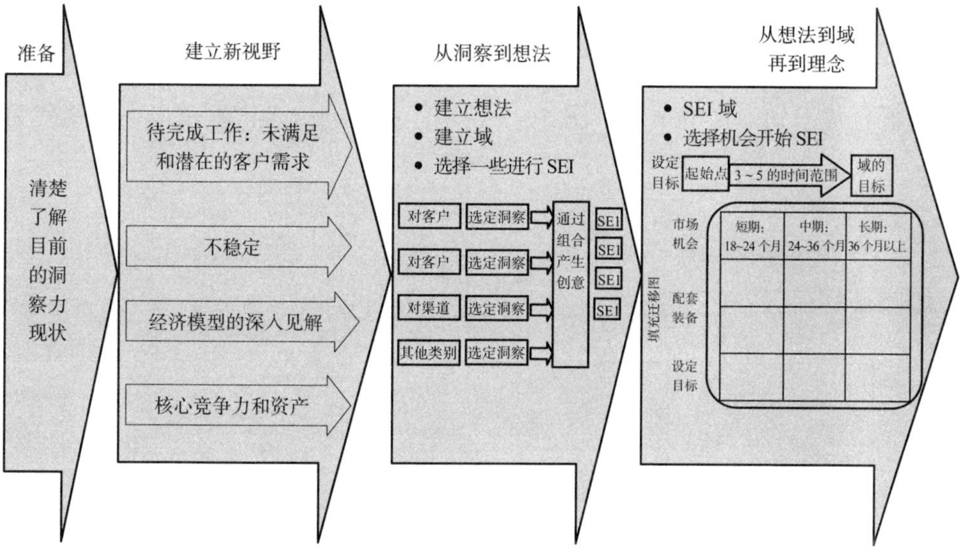

图 10-4　建立创新域

该方法的首要观点就是识别发展议程的战略一致性。如何做到这一点呢？你需要挑选一些具有发展前景并且传递相同价值定位的理念，并将这些理念构建成一个域。这种技巧可以通过一系列与策略相关的机会填充渠道，让你摆脱一次性创新活动。当然，为了成功地将理念商业化，后面还有许多其他的工作需要完成。

成果 4：有效地管理风险

“目前的新创意具有不错的发展前景，但是它也有很多不确定因素。在这种情况下，如何推进该创意的发展？”

“通常，极具发展前景的创意具有很大的风险，我们的组织不会追求这些创意。对此，我们能做些什么？”

假设你现有的某一商业理念在理论上已经很成熟，并且确定了关乎成败的假设和未知因素。但理念中的未知因素使团队和领导层认为极具风险性，于是，你的组织活动止步不前。

从第 6 章中我们知道，你可以通过试验或其他技巧来填补知识缺口，控制并降低相关未知因素的风险。图 10-5 说明了如何通过多次在市场中以迭代为特色的试验，达到以上目标。

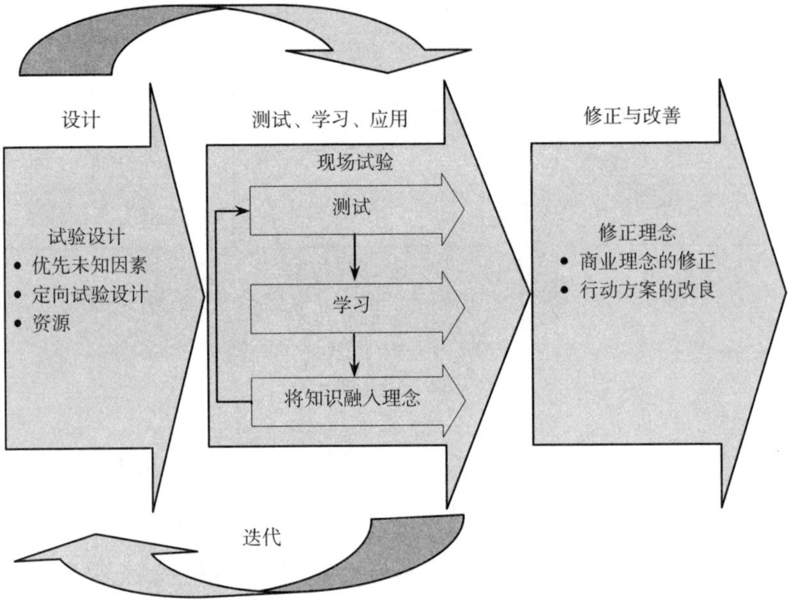

图 10-5 市场试验与商业理念迭代

以市场为基础的巧妙的试验可以填补未知因素的知识缺口，在快速、低成本、不引人注目的情况下控制并降低风险。这种方法的关键部分是通过几轮学习循环而完善机会并减少其风险，确保在启动项目时拥有足够的资源。

这种类型的设计可以独立服务于已经被充分审查过的理念，或者将其融入创意及理念发展过程的其他阶段。

成果 5：对产品的后续营销进行创新

“创新思维及创新工作一直伴随着产品研发的每个阶段，却在其上市时终止，为什么不在产品上市之后继续创新呢？”

“在不淘汰市场上现有产品的情况下，如何对其进行后续创新，改良产品？”

如前文所述，后续创新是创新实践者的前沿。第 7 章详细介绍了后续创新的具体方法。在此，我们主要总结了 4 种重要的设计原则，希望在设计后续创新方法时能够为你提供一些指导：

- **以与目标相吻合的方式运用前端创新技巧。**例如，持续性的学习，洞察力的发展、构思，机会的详细描述、试验。聚焦于一个特定的目标，以提升某个特定理念的市场表现力。我们在前文曾提到：“创新需要新学识。”同样，如果想要在后续营销中充分挖掘新产品或新服务理念的潜力，新学识必不可少。
- **了解在后续理念中可塑和不可塑的因素。**实际上，市场理念中必然存在一些固定成分，并且这些固定成分很难被改变且花费高昂。这些固定成分包括基础性的产品设计或规定性的某些固定因素，他们只有被完全颠覆式地再概念化才可以改变。但是，我们也可以通过市场内的创新来改善和提高其他方面，即营销组合中的元素，如定价、促销、激励措施、营销渠道、体验渠道。根据自己的具体情况决定哪些成分可以被有效地改变，然后应用与目标相吻合的前端技巧发掘出能帮助组织获得提升的其他创新。
- **运用结构化试点（structured pilots）进行学习。**对组织内的大部分人来说，后续战略创新可能是全新的概念。因此，结构化的试点有助于后续工作的开展。结构化的试点将所有学习的方法和技巧进行综合，让实践者和领导者通过这些技巧，更好地把握市场理念。
- **谨慎选择你的市场机会。**后续战略创新所需的资源不同于现期后续管理流程与工作中所需的资源，并且我们要将这种资源纳入后续管理流程与工作中。你需要仔细考虑将资源集中使用在哪些市场机会上。

成果 6：加强创新能力

在这部分，我们分享两种不同的方法。第一种方法用来强化基本创新技巧；第二种方法在更加综合性的整个创新流程中强化实力，实施文化创新。

强化基本创新技巧

- 加强基本的创新技能。
- 培养足够多的创新专家。

斯坦福、瑞士洛桑国际管理学院（IMD）、巴布森（Babson）这些顶级的大学为企业管理人员提供多种类型的创新训练。这些专门的管理学课程可以帮助你加强基本创新能力，其实你完全可以利用各种资源建立你自己的课程表，例如，组织内一些创新活动中比较成功的那部分。

强化技能最理想的方式是将一个特定的理念应用于受训小组可能面对的具体挑战。例如，如果你希望加强风险管理方面的技巧，你可以组织一场为期一天的会议，重点讨论与这项技巧相关的现有理念或组织、行业中的历史案例。

举例来说，你可以选择将训练重点放在一个或多个洞察力技巧上，如图 10-6 所示。

从图 10-6 中可以看到，会议重点是洞察力技巧的学习和应用，内容主要是小组对理念的应用学习。一般来说，工作会议的主旨是让小组亲身实践新的技巧，依照目标，自我提高和自我指导。

追求的目标不同，会议的时间长短也会发生变动。如果你希望精通深层次的技能，那可能需要不止一天的时间才能达到目的；如果你选择只关注单一的洞察力区域，会议时间就会相对缩短。总之，无论你的创新训练需要什么，在组织会议时，一定要将重点放在你想要追求的成果上。

组织创新的目标及简要综述	• 简述组织全面创新活动的目的和训练内容
发现未满足的需求	• 学习并运用技巧，如全流程体验图和寻找焦虑
对待完成工作进行再构造	• 理解挖掘待完成工作如何帮助我们重构对服务市场的观念，并发现潜在的市场干扰
识别并运用正统规则	• 识别可能妨碍你寻求机会的行业正统规则
识别潜在的竞争领域——探索空白区	• 探索我们和对手的竞争领域，识别潜在的空白机会
讨论并分享学习心得	• 分享反馈信息，并且讨论会议的哪些具体方式能够为你所用

工作会议　讨论/全体会议

图 10-6　会议重点技巧

圣戈班功能塑料的创新能力构建与思维方式转变之路

圣戈班功能塑料拥有 7 大业务单元，在亚洲、欧洲、北美等地约有 50 家工厂。在其业务中，“80%的销售来自工程师与客户交互的经营模式，超过 35%的销售来自上市不超过 5 年的产品”，圣戈班在创新和必要的持续创新方面获得了双重成功。正如其总裁汤姆·金斯基所说：“每个公司都希望获得成长,每个人都希望身处充满活力且不断成长的组织当中……推出新产品的乐趣，工厂车间有了关于流程的新想法……每个人都喜欢这些。发展代表着有更多的机会可以获得经验、发展事业和提高工作满意度。因此我们寻求的不只是创新，而是持续性的创新。我们希望这能成为我们日常生活的一部分。”

为了增强实力和转变思维模式，汤姆要求公司创新流程的主管基恩·安格斯结合其目标制定出能够在公司各个部门进行推广的创新项目。汤姆和基恩坚信培训可以给他们带来商业优势，包括加强现有的客户关系、建立新的客户关系，并且随着时间的推移，推动盈利持续增长。如图 10-7 所示。

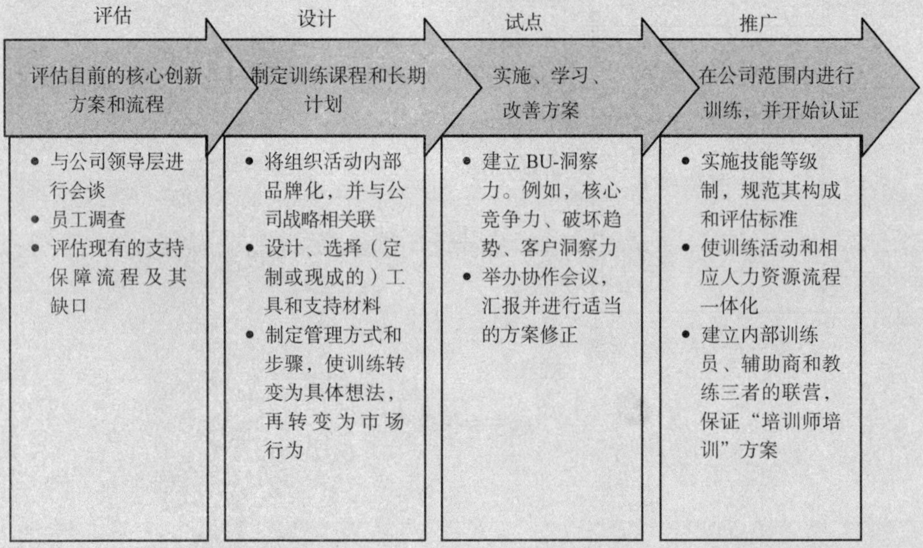

图 10-7　建立创新培训体系

可以看到，建立培训体系是一个巨大的工程，首先需要评估公司内部目前哪些属于有效做法，以及哪些做法限制了创新潜能的充分挖掘。以此为起点，基恩和她的小组为团队和个人设立了具体的训练课程，并迅速在组织内进行推广。每位员工都有机会练习使用基本的创新方法与步骤，有些人学习到了如何提升洞察力及设计突破性的解决方案，还有部分人员进一步提高了业务团队在战略创新方面的能力，并在战略创新的过程中给予一定的指导。创新训练项目平台如表 10-1 所示，以此确定创新者在各种水平的熟练级别。

表 10-1 创新训练项目平台

圣戈班功能塑料创新训练项目平台

平台	人		解决方案		战 略	
角色	创新实践者		创新推动者		创新教练	
级别	1 级	2 级	3 级	4 级	5 级	6 级
课程名称	基本创新思维	练习创新	推动创新	为结果设计	成为创新教练	管理创新训练师、推动者和教练
受训比例	组织的100%	组织的20%～25%	组织的 15%	组织的 10%	组织的3%～5%	组织的1%
课程焦点	圣戈班功能塑料创新训练项目平台 使组织中的每位员工了解创新的项目、流程和工具	在创新教练的指导下运用更多工具解决个人和业务的挑战 任何完成 1 级课程的人都可自愿参加本课程	学习如何推动创新的、临场反应的艺术和更多工具 在运用 2 级方法中表现优异及具备推动者特质的员工可被选入参加本课程	学习如何推动团队洞察力，设计阶跃的解决方案，以及训练 3 级课程中的推动者 在推动 3 级方法中表现优异者可被选入此课程	学习如何推动业务团队战略性洞察力，设计具有突破性进展的解决方案，在团队与客户面对面交流方面进行指导 在推动 4 级方法中表现优异者可被选入此课程	指导各级创新平台的业务团队和领导者，实施完整的创新训练课程，为业务团队战略洞察力和商业模式解决方案设计会议 在推动和指导 4 级方法中表现优异者可被选入此课程

续表

级别	1级	2级	3级	4级	5级	6级
技能和结果	产生具有创造力的增量解决方案（incremental solution） 为创新文化定下基调	设计增量解决方案，以及产生阶跃解决方案（step-change solution）	推动阶跃变化解决方案并在团队中执行计划	采取行动以推动洞察力和突破性的解决方案 对3级中的推动者进行指导和设计	推动和指导业务团队的商业洞察力和战略方向 对3、4级中的推动者进行指导和设计	深入理解功能塑料创新项目 对所有级别课程进行训练、指导、推动和设计

圣戈班提出的这份创新训练体系经过精心设计并且能够被熟练地掌握，其充分考虑了：

- 预期目标（例如，明确定义了组织中不同级别的创新技巧）。
- 为实现目标而做的设计。

只有对组织的期望结果、投入和限制予以充分的考虑，才能像圣戈班一样从成果出发进行反向思考，设计属于自己的训练项目。

营造创新文化，实现成长

- 提高引领型创新领导的能力。
- 重新设计工作流程以求更好地进行创新。
- 构建创新文化，实现增长型目标。
- 为了能够更好地创新，重新设计__________流程（如开放创新流程，阶段—关卡流程、供应链管理流程）。

接下来我们要讨论的方法是本书中最为复杂的方法，它包含了前 4 种类的全部创新需求，外加第 5 种：营造创新文化以实现发展目标。如果执行得好，此方法可以产生最引人注目的影响力。

这个方法需要高度结构化的领导层议事日程，其目标包括完善计划、构建有利于创新的流程、强化技巧及转变思维模式。从最广泛的层面讲，这种方法追求的是系统性的改变，使组织的创新源于流程和系统，而不是系统之外的创新。

由于这些目标对企业来说是巨大的挑战，因此这种方法包含了很多变量和替代选择。而当其中的一些变量发生改变，标准环境也就随之改变，因此，几乎无法限定一个标准的设计或模板来解决所有问题。在这种情况下，我们将介绍一种高度概括性的方法（见图 10-8）。

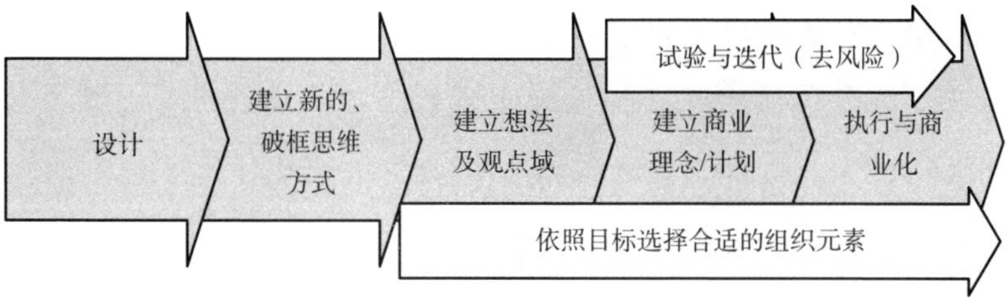

图 10-8　创新能力建设与嵌入工作

这个例子假设组织致力于加强创新全流程中每个阶段的创新能力。由于该方法假设领导层和工作团队自始至终参与其中，因此他们可以在实践中学习，并提高综合能力。工作团队将会学习全流程的一整套技巧和工具，并将其运用于流程的每个阶段。领导层将会参与改革议程中属于他们的那部分工作，执行结构化的领导议程表，并且担任协同创造者、倡议者和有形的支持者的角色，理解并参与组织的设计工作和创新工作流程中第二阶段中的讨论。

启动：召集团队

我们经常被问到有关组建创新团队的问题：理想的创新团队应该是怎样的？理想的团队成员有谁？拥有多少成员比较合适？人员和角色的变动会使团队发生怎样的变化？

由于创新的工作性质，多种特质的混合才能保证成功地创新，但想在一个人身上找到所有这些特质并不现实。因此，你应该更加关注全队成员的特质构成，而不是其中某个人的特质。例如，有时你会需要下面这些特质：

- 发散和聚合的思维倾向；
- 创造性思维；
- 商业理念发展能力，要求具备极高的商业敏锐度；
- 行业或公司内的新想法，或者在行业和商业模式发展与审查中的丰富经验；
- 来自产品的制造者和销售者的经验。

创新团队所需的特质数不胜数，再有才华的人也无法拥有所有这些特质。因此我们建议你避开“个人”观点，从“团队”的角度思考成员的取舍。不仅如此，你需要大量的左膀右臂来帮助你解决即将面临的种种问题。

图 10-9 的构造方式可以引导你深入思考，并帮助你召集一些具有典型特质的个体，使团队呈现多样的背景、视野和经历，构建最富有效率的团队，推动创新工作的开展。

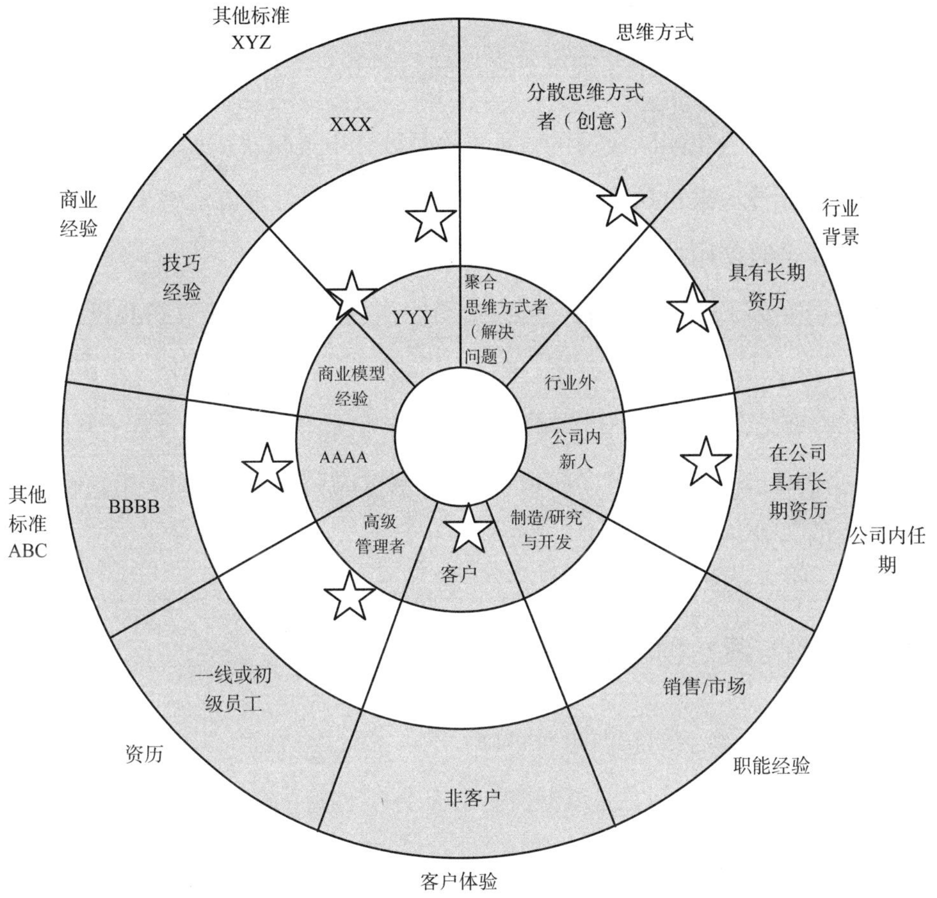

图 10-9 团队典型的构造方式

我们在例子中引入了假设人 X，以便更清楚地告诉你如何填写这张图。扇形区域中分别填入所有的期望特质，而星星的位置代表假设人 X 的个人特质。当你将 3 个、5 个、12 个、20 个或 200 个理想员工放到合适的位置之后，开始寻找延伸和缺口。

- **延伸**：在配备人员的计划规模内，是否尽可能覆盖所有方面？
- **缺口**：在为工作配备人员时，最大的空白和弱点在哪里？有什么措施可以改善这些弱点？有其他备选方案吗？可以通过兼职、领导层的介入等方法拓展技术和视野方面的空白区吗？

只有发展并强化团队成员的技能，才能设计出大量优秀的创新活动。而高度成熟的设计技巧来自执行活动时的“飞行时间”——理解加强工作的根本原则，并且在平时使用技巧的过程中积累经验。

通过培养员工的这些技能，可以让组织在创新活动中建立自我供给机制，在遇到问题时迅速制定解决方案，而不用求助于外部机构。当然，组织外部的资料、视野或信息也是必不可少的。即使你和外部的伙伴一起合作，开始学习创新活动并创立属于自己内部的设计技巧，这可能会成为你为组织的创新能力建设所做的最有价值的贡献之一。

评估问题和方案：创新评估和设计

“如何判定创新活动起点是否正确？”

“我不知道我们的创意是好是坏。如何评估创意的优劣，或者创意是没有好坏之分的。”

“我们需要更多的创意，但是我们找不出无法获得更多创意的原因。请帮助我们找出原因并提出解决办法。”

哪个成果应该是近期工作的重心？或者组织中什么根源性原因阻碍了创新？领导层或团队对于这些问题可能有不同的看法，对其追求的具体结果和相应的方案无法统一。此时，创新评估会帮助组织诊断出根本的抑制因素，并对期望的创新结果进行排序，如图 10-10 所示。

这个方案有助于：对现阶段直接支持并促成创新的因素进行评估；识别间接阻碍创新活动的组织系统和流程。当识别出支持或阻碍创新的因素后，下一步就可以开始讨论如何改善目前的状况。我们建议在思考可能的行动时，以引领型创新原则与实践为背景，对自身情况进行评估以便得出详细的建议。

下面我们将详细介绍图 10-10 中的各主要工作元素。

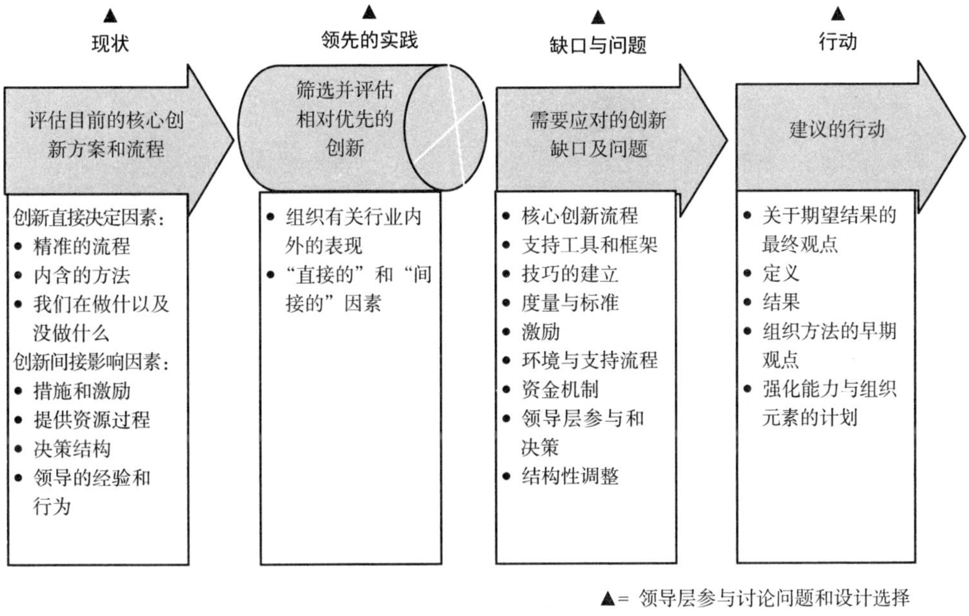

图 10-10 评估和设计流程的样例

创新和新产品开发流程与结果现状

组织的哪些工作能保证创新及新产品的研发？

- 关于创新及新产品的开发，组织内是否有明确的工作流程“文件”或计划文件？这些流程和计划的预期成果是什么？
- 实际发生了什么？实际的创新工作是如何偏离流程“文件”的？是否有备选方案或应急方案？如果有，这些方案是起正面作用还是负面作用？目前的渠道与组合的目标是什么？
- 目前有哪些缺口？组织创新和组织成长的需求与目标有哪些不足？

资源配置和其他影响创新和发展的间接工作流程

关于资源配置、相关的流程及决策会议这几部分内容，组织做了哪些决定？

- 目前资金和开支的配置是怎样的？他们如何与创新匹配（或不匹配）？
- 人事配置如何促进（或阻碍）创新需求与创新流程的发展？
- 年度计划、资源配置与创新工作之间如何相互配合（或不配合）？是否有正式的交集？
- 如何将创新需求和工作融入人力资源与人才管理之中？

对元素的评估过程必须完全客观，也就是说，评估必须来自对正在发生的创新需求的事实分析。评估结果无论好坏，必须反映组织目前创新的真实现状，如镜中成像一般，真实可靠。

识别引领型创新原则和实践

将本书中所描述的主要原则和实践所呈现出“理想状况”与评估现状进行对比，从中可以明确地看出，理想状态下，在原则层面及行动层面上分别会发生什么。

确定最主要的缺口和能力——建设/增强区域

确定具体的需求区域，并对其排序。

- 目前存在哪些缺口？哪些还没有做？如何做才能与众不同？
- 最主要的缺口是什么？应重点关注哪些方面才能增强实力？为什么？
- 哪些方式可以填补缺口（通常情况会有几种方式）？对于目前的决定要做出怎样的取舍？

组织的修改建议

通过修改组织元素，形成切实可行的观点填补缺口。

- 对于所有的能力增强区域，在执行过程中优先采取哪项行动？为什么？
- 行动需要哪些资源？
- 在优先行动中可以投入哪些实际资源？可调配的资源是否充足？
- 如果采取所有填补缺口的行动，是否会有冲突？是否有一种综合的方案使每种元素都有利于创新的实现？它是否反映了某一系统性的方法，该方法中每个独立的行动都会相互影响、彼此加强，使组织工作更具有连贯性和一致性？
- 是否制订了实施计划？是否明确了活动的预定完成日期和沿途关卡？

绘儿乐的创新评估

2004 年，绘儿乐决定寻求更多的创新，他们将应用创新评估和设计技巧作为开端。其创新的动机之一是几年前一次失败的突袭行动——进军成年人书写工具市场。尽管当时这个理念在实施前被寄予很高的期望，但由于其“企图延伸的领域远离绘儿乐的核心竞争力，并且缺少品牌价值来吸引并维持新的客户群”，结果并不尽如人意。绘儿乐拥有很多可以商业化的创意，但是他们很想知道哪些创意最具发展前景，以及哪些改变可以推广到创新系统和创新能力的全流程（不仅仅局限于现在的阶段—关卡程序）。

在评估和设计工作中，绘儿乐总结出下列要点：

- 从开始到最终商业化为止，客户洞察力和行业规范永远是明确最优想法的必要基础。因此，为了识别最优想法，我们可以考察哪些客户问题有待解决以及挑战哪些行业条例最有利。

- 学习创新、强化技巧和理解是增强创新能力的第一步，也就是说，培养技巧要始于流程（或其他组织元素的再设计）开始之前。因此，先培养创新技巧，再重新设计内部流程。
- 先明确竞争领域和方案，然后开始修改流程和结构等组织元素。绘儿乐的修改包括：
  - **“无限制”平台：**公司为满足客户需求而采取的具体行动——产品或组织行动。
  - **重新设计关卡流程：**创新团队将一些新的创新技巧融入现有的阶段—关卡流程中，包括形成新的视野和拓展并优化平台。
  - **结构变化：**领导通过重点关注发展型平台（域），并将市场部门进行重组。如“无限制”平台。任命损益部门领导为推进无限制和其他平台的负责人。领导层达成共识，如果某个平台（域）能在未来表现出巨大的价值潜力，他们将有组织地转向这些计划。

绘儿乐的创新能力构筑征程的文件记录始于2008年，公司执行委员会重点关注如何在维持核心业绩的同时进行商业模式的创新。

在评估和设计工作时，还应注意：如果你需要外部的帮助，那就去寻求吧！这条建议可能很普通，但还是要在这里特别强调。即使你对创新已经有较为全面的观点，但可信赖的第三方若能从客观角度审视组织目前的行为做法，那么他所提供的客观意见也是非常有价值的。

开始之前，一些小建议

在你开始进行组织和能力构筑征程之前，请记住这些建议：

- **技巧胜过框架。**框架是用于建立、教授和维持技能或程序的脚手架，建立内外部洞察力、想法、商业理念和试验过程的技巧比任何一个框架都要关键。请将目光放长远。
- **边学边做，你才能获得最强的创新技能。**这需要大量的“飞行时间”。创新是一门学问，而不是机械的任务。它更类似于学习如何成为优秀的品牌经理或总经理，而不是学习数学表格。工具是非常有用的，但是流程并非是你想象（或你希望）的公式化过程。
- **创新并不是一套严格规定的流程，而是一套广泛适用的方法。**每个人的境遇不相同，没有一套固定的标准战术对每个人都适用，因此你需要从中选择最适合你的综合方案。
- **创新方案中设计技巧才是最关键的。**要定期借助外部力量补充技巧。如果从一开始就在分析和设计创新工作中培养和使用技能，是非常有价值的。

我们希望这些小贴士和设计范例在开始创新工作时可以帮到你。开始探索建立一个更好的创新系统吧，祝你好运！

小结

- 创新活动应该始于结果驱动的设计活动。永远要在选择方案之前确定要实现的结果，针对结果设计方案，然后详细讨论其中的“取舍”，这样才能知道在实际情境下可以实现哪些成果。
- 在不同的规模、地域和结构的组织中，项目领导者在设计方案时所期望的创新成果或目标通常可以分为几个广泛的类型。这些类型代表了团队在实践中常常遇到的（并非全部）“创新难题”。这 6 个类型分别是：

  （1）更多的想法；
  （2）拓展现有的想法；
  （3）强化理念发展工作中战略一致性，并将战略和创新相融合；
  （4）管理并降低风险；
  （5）创新后续工作；
  （6）强化创新能力。
- 在安排员工工作时，最好先思考团队所需要的技巧和特质集合。将团队的典型组合和特质作为整体来考虑，而不是单纯的以个人为基础。避免“英雄模式”，要随时思考团队中谁可以帮助你达成某个创新目标。
- 如果你不能明确表达创新目标或设计方案，也不能与领导层达成一致意见，那么就采取结构化的方案进行评估和设计，这可能是你前进的最好道路。不要围绕某个话题停滞不前，运用评估和设计作为前进的有效方式。
- 经验对于启动阶段和设计方案来说举足轻重。如果你缺乏经验或者不确定如何开始，一些经验（来自内部或外部的）会非常有用。

Chapter 11

第 11 章

结语和展望未来

在本书中你可以看到，由于组织是在现有模型下进行的组织构建及管理，但是创新——特别是突破式创新，关注的是创造新的东西，所以它是一件非常困难的事。你力求在核心业务、邻近业务和核心之外的范围内创造新的理念，而在你关注新领域的同时，管理经营现在的业务也是极其重要的，两者之间有着积极的作用。两者都很重要，每个都需要不断地学习。

创新活动需要新的知识并且需要突破思维定式的观点，同时也需要不间断地学习和迭代探索。这就是为什么在创造新想法和机会时关键性的第一步是要积极地形成新视野，也是为什么你应该对初始的构思说“不”，直到你有机会对在市场、行业及组织内已有视野的基础上发展新的视野。通过这些工作，让自己能够有效地构建思路。

众所周知，创新虽然艰难，却不是不可能实现的事。人们通常认为创新只属于那些天生拥有非凡洞察力、远见和想象力的少数人，其实这只是人们虚构出来的想法，事实并非如此。通过有代表性的几个组织可以看到，你和组织可以将形成持续的创新能力作为获得发展的一种手段。如果你愿意，你可以将创新作为一个普遍的能力，或者你可以通过具体的创新工具、框架和方法的规范化使用，完善现有的组织活动。

无论你的目标是什么，想要成功，就必须要与众不同地思考和行动。与众不同不仅体现在洞察力上，还体现在创新的各个方面。例如，我们之前提到的优先开发创意的技巧之一，洞察力碰撞就与传统的头脑风暴有所不同，它可以让你更好地得到突破式创新的理念和空间。划界也与时下很多组织中常见的一次性、单时间点的创新活动不同。

你知道，将有特色的理念商业化和规模化，需要从初期理念到创新流程后端始终保持创新。他们需要的不仅仅是开发理念然后执行，必须通过规范化的、结构化的思维过程，对理念进行延伸、细化、迭代，不断将新的学识补充到商业理念的“什么、谁、如何”中。现在你有一套框架和方法来帮助你完成这些工作。当你准备将一个又一个的想法转化为具有创新性、被充分描述的，并且可以成功推向市场的理念时，一定要充分利用这些技巧——商业理念发展工具。

你知道，你可以在合适的环境中通过构建简易的技巧实现“快速创新”，以应对定向的创新挑战。方法有很多种，但是方法应该按照与目标相吻合的方式进行设计，并且该设计可以准确地反映你的目标和限制条件之间的矛盾。

你还应该明白，在创新的后续阶段，你可以通过重点关注少数你不确定的核心假设来有效地管理并控制风险。你可以通过各种技术——主要是市场试验技术，减少有发展前景但含有不确定因素的机会中的风险。这样做，你就从只评估风险层面上转移到控制风险上来了。同时你可以将实践推进到新型前沿：后续市场管理试验。在市场中，你可以继续获得新的信息并将其应用到快速发展的理念迭代及优化的过程中。

你知道，如果你愿意，你可以营造适合创新活动的气氛，加强和保证你的活动，让创新像纪律和能力一样扎根组织内部。有了领导层的支持，你可以通过系统而全面的思考给组织带来变化，你还可以通过一系列互补的、加强的活动开始做出改变，达到最好的效果。

你知道，对领导的 3 大角色（协同创新者、发起人和可见支持者）达成一致意见是非常重要的事情。领导层对于创新的成败起着至关重要的作用，他们要根据你的目标和组织的环境采取不同的措施。

你更明白，以目标作为出发点设计创新工作并尽可能具体地描述各项成果是非常重要的。它可以帮助你确保你的设计方案能够实现你想要的成果。

解决创新挑战的灵活、可重构的技巧

通过本书，我们分享了一系列可以用来应对具体创新挑战的方法、框架和技巧。我们在文中提到很多次，你应该将这些方法、框架及技巧视为乐高积木，你可以用与你的期望结果和与环境最匹配的形式对这些方法、框架、技巧进行组装。例如，你可以在面对后续管理、上市后的创新时应用前端技巧，或者利用 SEI 技术开发初始理念和改善后续阶段。在实际工作中，并不是所有的创新活动都需要经历完整的创新流程。将本书中的技巧看作组建灵活而可重构的元素集，这些元素集可以被单独使用或按照特定的创新挑战进行组合。

由于技巧的灵活性很强，所以运用相应的技巧设计创新方案就显得尤为重要。这种类型的技巧可以借助过往的经验进行构建，并且你和同事们需要实践才能获得这种经验。记住，要找到能够记录这些实践的方法。在一个组织中，如果创新角色在创新精英团队和业务之间轮换，你要确保至少有一支具有丰富创新经验的骨干队伍。这样，你就可以有效地将这种创新能力转移到组织的下一代创新领导者身上。

在这种情况下，我们认为在创新活动中至少应该有这样一种人：只负责进行创新工作。这种人可以在某一个工作岗位工作一段时间后再转移到其他的岗位上，但是不管怎样转化角色，都应该在创新工作的范围内。因为要花很长时间才能掌握某一职位上的创新技能，因此要避免短期的创新轮换和创新角色的转换。

外部环境的变化如此迅猛，因此在组织中创新的必要性永远都不会减少，从这一角度来说，创新永无止境。将新的知识信息融入创新“系统”或组织活动中的机制必须永远运转。一旦你停止，创新也会随之止步。

组织的实力建设工作永远不会有尽头。同事会转换角色或离开组织，市场和竞争力量变幻莫测，永远都有需要被填补的能力缺口，永远都有需要被解决的难题，创新系统中永远都有需要被继续完善或扩展的元素。

因为总会有新的创新领域值得实践者去探索，所以发展独特的创新技巧的工作也永远不会止步。很多在不久之前还处于创新前沿的技巧如今已经高度普及了。例如，亨利·伽斯柏大师 10 年前（至少）所提出的开放式创新，现今已经深入全球多数组织当中。相比之下，我们在这本书中提到的后续创新，我们认为它在今天属于前沿，并且对于那些愿意尝试和探索新技巧的组织来说，它呈现出了极大的积极潜力。其他的一切前沿，还包括苹果公司成功实践的构建网络和强化生态系统，还有加里·哈默在管理创新中提到的重构行业内组织的基本组织结构等。

所以你的工作永远不会“完全结束”，你永远不会“到达目的地”。不要期待有朝一日能够以“自动驾驶”的方式运作公司。如果创新等价于获取新的信息并将其转换为行业新做法（在很多情况下是组织的“反常行为”），那么你怎么可能让这种系统自动运转呢？这是不符合逻辑的。

对常见的误区，要提高警惕

在强化创新能力的同时，要留意一些常见的错误认知。本书中提及的错误认知列举如下：

- **“创新只与工具和流程有关。”** 创新不只与工具有关；创新是一种全新的学习。工具和流程只是简单地搭建起框架，帮助你更好地进行新的学习。终有一天，这个新的学习流程将会决定你能否顺利地进行创新。所以，创新不只是工具，更是一种技巧。
- **“创新只与技术有关。”** 创新不只与技术有关。相反，它与客户利用技术进行的工作内容有关。或许，技术可以提供一些帮助，甚至形成某种竞争优势，但是帮助你完成创新工作的是商业模型的设计，特别是客户价值主张。
- **“创新只与构思和创造力有关。”** 如果将创新等同于一个成功商业化的新创意，那么创新就不只与构思和创造力有关了，还有很多其他的因素都会与创新有关联。如果在创新工作及创新系统中不考虑这一点，那么就会严重阻碍获得具有较高影响力的创新机会。
- **“商业化只与执行有关，与创新无关。”** 我们常常听到有人这么说：“一旦有了很好的创意，我们就知道如何使其商业化。”这一说法有很多假定的内容，例如：该创意需要的商业化模型与现有产品的商业化模型是同一个。这就引出了一个问题：该创意是否具有前沿性？这种错误认识暗含的假设是，挑战未来商业理念中的各种元素几乎没有任何价值，事实上，他们并没有挖掘出该创意的潜力。

这个观点与以产品或技术为中心的创新观点相吻合。但是这种观点比较容易忽视商业模型中的很多元素，如定价、渠道及市场的支持。你必须对该商业理念的所有元素进行周密的思考并挑战所有元素，包括营销方面、销售行为。这就是拓宽创新面，增加获得具有较高影响力商业化机会的方法。

- **"可以委托下属进行创新。"**如果有一个发展很好的或已经商业化的理念，可以通知自己的领导。但是在没有领导参与或介入的情况下，就试图创造突破性创新，是不明智的。或许在这种情况下，你也能获得成功，但是那种现象毕竟是少数。正如本书讲过的：领导应该参与创新工作内容、创新系统及流程的制作，并给予一定的指导。当他们这么做了，这个流程就有了动力。如果领导们不这样做，那么你的工作将会很难展开。维持这种工作模式不是不可能，只是非常困难。
- **"当创新成果投入市场之后，创新工作就应该告一段落了。"**优秀的创新者都明白这一点，但是他们却不是这样做的。谷歌、惠而浦和其他公司都会积极地进行部署，保持后续学习和迭代，抓住市场内机遇的积极面（upside）。这就是这些优秀的创新者与别人的不同之处。你也应该效仿他们的做法。

我们非常感激我们的读者。很多组织中的创新并不是来源于系统，而是与系统无关。我们知道创新工作很难，并且有时候让人感觉很沮丧。尽管这是一份艰难的工作，却有丰厚的回报。或许你只是在一段时间内进行创新工作，或者你会将创新作为工作重心。在任何情况下，你的努力对于组织保持生机活力都有至关重要的作用。因为创新可以创造未来，所以你可以通过创新塑造组织的未来。

我们希望有序地推进条理化与系统化的创新可以为你带来丰厚的报酬，就像它曾经带给我们的一样。祝你成功！

反侵权盗版声明

举报电话：（010）88254396；（010）88258888
传　　真：（010）88254397
E-mail：　dbqq@phei.com.cn
通信地址：北京市万寿路 173 信箱
　　　　　电子工业出版社总编办公室
邮　　编：100036